劳动保障监察基础知识与实务要领

经洪斌　主编

中国劳动社会保障出版社

图书在版编目(CIP)数据

劳动保障监察基础知识与实务要领/经洪斌主编. —北京：中国劳动社会保障出版社，2016

ISBN 978-7-5167-2518-4

Ⅰ.①劳… Ⅱ.①经… Ⅲ.①劳动就业-社会保障-监察-中国 Ⅳ.①D922.592

中国版本图书馆 CIP 数据核字(2016)第 109171 号

中国劳动社会保障出版社出版发行

(北京市惠新东街 1 号　邮政编码：100029)

*

保定市中画美凯印刷有限公司印刷装订　　新华书店经销
787 毫米×1092 毫米　16 开本　15.75 印张　227 千字
2016 年 6 月第 1 版　2017 年 6 月第 3 次印刷
定价：35.00 元

读者服务部电话：(010) 64929211/64921644/84626437/84209101
营销部电话：(010) 64961894
出版社网址：http://www.class.com.cn

版权专有　　侵权必究
如有印装差错，请与本社联系调换：(010) 50948191
我社将与版权执法机关配合，大力打击盗印、销售和使用盗版图书活动，敬请广大读者协助举报，经查实将给予举报者奖励。
举报电话：(010) 64954652

目 录

第一编 基础知识

1. 劳动保障监察的基本定义 / 2
2. 劳动保障监察的基本特征 / 2
3. 劳动保障监察的基本职责 / 3
4. 劳动保障监察的作用 / 4
5. 劳动保障监察与劳动安全卫生监察有什么关系 / 6
6. 劳动保障监察与工会劳动保障法律监督有什么关系 / 6
7. 劳动保障监察与劳动争议仲裁的区别 / 9
8. 正确处理劳动争议仲裁与劳动保障监察的关系 / 10
9. 劳动保障监察的一般对象 / 11
10. 什么是企业 / 11
11. 什么是个体经济组织 / 11
12. 什么是民办非企业单位 / 12
13. 什么是国家机关、事业单位和社会团体 / 12
14. 《劳动合同法》及《劳动合同法实施条例》规定的其他用人单位还有哪些 / 13
15. 国家机关、事业单位和社会团体中有哪些情况需要实施劳动保障监察 / 14
16. 劳动保障监察的特殊对象 / 14

17. 什么是职业介绍机构 / 14

18. 什么是职业技能培训机构 / 14

19. 什么是职业技能考核鉴定机构 / 15

20. 什么是用人单位分支机构 / 15

21. 什么是外国企业常驻代表机构 / 16

22. 劳动保障监察的对象还包括哪些其他机构和个人 / 16

23. 劳动保障监察的主要事项 / 17

24. 用人单位制定内部劳动保障规章制度的要求 / 18

25. 用人单位与劳动者订立劳动合同的要求 / 19

26. 用人单位遵守禁止使用童工规定的要求 / 30

27. 用人单位遵守女职工和未成年工特殊劳动保障规定的要求 / 32

28. 用人单位遵守工作时间和休息休假的要求 / 34

29. 用人单位支付劳动者工资和执行最低工资标准的要求 / 35

30. 用人单位参加各项社会保险和缴纳社会保险费的要求 / 39

31. 职业介绍机构、职业技能培训机构和职业技能考核鉴定机构遵守国家有关职业介绍、职业技能培训和职业技能考核鉴定规定的要求 / 41

32. 劳动保障监察执法的主要形式 / 44

33. 什么是日常巡视检查 / 44

34. 什么是书面审查 / 45

35. 什么是专项执法检查 / 45

36. 什么是受理举报投诉检查 / 46

37. 什么是处理群体性、突发性事件 / 46

第二编 实务要领之一：受理与立案

38. 举报的概念 / 48

39. 投诉的概念 / 48

40. 举报和投诉的区别 / 49

41. 受理举报的条件 / 50

42. 受理投诉的条件 / 51

43. 受理举报投诉的原则 / 53

44. 受理举报投诉的途径 / 55

45. 受理举报的注意事项 / 56

46. 如何帮助投诉人撰写投诉书和投诉登记表 / 57

47. 如何厘清受理对象和受理事项 / 58

48. 符合受理条件如何答复当事人 / 60

49. 立案的条件和时效 / 60

50. 立案的案件来源 / 62

51. 立案的程序 / 63

第三编　实务要领之二：调查与检查

52. 劳动保障监察调查的概念 / 66

53. 劳动保障监察检查的概念 / 66

54. 劳动保障监察员进行调查、检查时的基本规定 / 67

55. 劳动保障监察员进行调查、检查时需要承担哪些义务 / 69

56. 劳动保障监察员进行调查时应当回避的情形 / 69

57. 劳动保障监察员实行回避的程序 / 70

58. 劳动保障监察进行调查、检查有权采取哪些措施 / 72

59. 劳动保障监察进行调查、检查时，可以采取证据登记保存措施的情形 / 73

60. 采取证据登记保存措施的程序要求 / 74

61. 劳动保障监察进行调查的期限规定 / 75

62. 什么是劳动保障监察证据 / 76

63. 劳动保障监察证据的特征 / 76

64. 证据认定的基本原则 / 77

65. 调查取证的主要方式 / 78

66. 调查取证的常规程序要求 / 81

67. 调查取证的注意事项 / 83

68. 什么是书证 / 84

69. 什么是物证 / 84

70. 作为证据形式的视听资料要求 / 84

71. 作为证据形式的证人证言要求 / 85

72. 作为证据形式的当事人陈述要求 / 85

73. 作为证据形式的鉴定结论要求 / 85

74. 作为证据形式的现场笔录和勘验笔录要求 / 86

第四编　实务要领之三：处理方式

75. 劳动保障监察案件处理的基本原则 / 88

76. 劳动保障监察机构如何正确行使自由裁量权 / 89

77. 劳动保障监察案件处理的方式 / 90

78. 劳动保障监察案件处理的时效要求 / 91

79. 撤销立案的情形和条件 / 92

80. 责令改正的情形和条件 / 94

81. 行政处理的情形和条件 / 96

82. 行政处罚的情形和条件 / 98

83. 行政处罚需要掌握的原则 / 99

84. 责令改正与劳动保障行政处理的适用区别 / 100

85. 行政处罚的种类 / 101

86. 什么是罚缴分离 / 102

87. 什么是一事不再罚原则 / 103

88. 什么是行政相对人权利的救济和保护 / 104

89. 劳动保障监察的告知主体和告知对象 / 105

90. 劳动保障监察告知的内容、时间和方式 / 106

91. 违反劳动保障监察告知义务的表现形式和法律后果 / 107

92. 什么是用人单位的陈述和申辩 / 109

93. 行政处罚听证的要求 / 110

94. 什么是行政复议 / 113

95. 行政复议的程序要求 / 113

96. 什么是行政诉讼 / 118

97. 行政诉讼的程序要求 / 118

98. 行政复议和行政诉讼的联系和区别 / 122

第五编 实务要领之四：执行、结案与归档

99. 劳动保障监察案件执行的要求 / 126

100. 申请法院强制执行的情形和条件 / 126

101. 结案的情形和条件 / 128

102. 结案的程序要求 / 129

103. 劳动保障监察文书的作用和意义 / 130

104. 文书制作的基本规范 / 131

105. 告知书的撰写 / 132

106. 不予受理投诉决定书的撰写 / 134

107. 如何填写立案审批表 / 135

108. 如何制作调查询问书 / 136

109. 制作调查笔录时的注意事项 / 137

110. 调查报告书的撰写 / 139

111. 如何制作证据先行登记保存通知书 / 140

112. 如何制作证据先行登记保存处理决定书 / 142

113. 讨论案件记录应把握的要点 / 144

114. 如何填写案件处理报批表 / 145

115. 如何制作限期改正指令书 / 146

116. 如何制作当场处罚决定书 / 147

117. 如何制作行政处罚（行政处理）告知书 / 149

118. 如何制作行政处理决定书 / 150

119. 如何制作行政处罚决定书 / 152

120. 如何填写结案审批表 / 154

121. 如何撰写强制执行申请书 / 155

122. 文书送达的方式 / 156

123. 文书送达时效的具体要求 / 158

124. 送达回证的注意事项 / 158

125. 案件结案归档的基本规范 / 160

第六编　相关工作制度和职业规范

126. 什么是劳动保障监察的程序制度 / 164

127. 什么是劳动保障监察的文书制度 / 165

128. 什么是劳动保障监察的案由制度 / 166

129. 什么是主办监察员制度 / 168

130. 什么是权力清单制度 / 169

131. 劳动保障监察权力清单的内容 / 170

132. 什么是行政处罚自由裁量权制度 / 193

133. 劳动保障监察的内部监督如何实施 / 194

134. 劳动保障监察的外部监督有哪些方面 / 195

135. 什么是重大案件挂牌督办和公布制度 / 195

136. 什么是重大违法行为举报奖励制度 / 196

137. 什么是企业劳动保障诚信制度 / 197

138. 什么是劳动保障监察职业规范 / 197

139. 劳动保障监察职业规范的定位和基本原则 / 198

140. 劳动保障监察员的职业素质要求 / 199

141. 什么是劳动保障监察执法责任制 / 200

142. 为何要两人执法 / 201

143. 为何要持证并佩戴统一标志执法 / 201

144. 劳动保障监察"五项承诺"的内容 / 202

145. 劳动保障监察"十不准"的内容 / 203

146. 劳动保障监察员的行为准则 / 204

147. 劳动保障监察的文明用语有哪些 / 205

148. 劳动保障监察的忌语有哪些 / 206

149. 劳动保障监察员应当承担的法律责任 / 206

150. 什么是滥用职权 / 207

151. 什么是玩忽职守 / 208

152. 什么是徇私舞弊 / 208

153. 什么是泄露商业秘密 / 209

154. 对劳动保障监察员的违法行为的行政处分 / 209

155. 劳动保障监察违法行政应承担的赔偿责任 / 210

第七编　劳动保障监察行政执法与刑事司法的衔接

156. 劳动保障监察行政执法与刑事司法的异同 / 214

157. 劳动保障监察行政执法与刑事司法衔接的作用 / 214

158. 涉嫌何种罪名，人力资源社会保障部门可以将案件移送公安司法机关 / 215

159. 涉嫌诈骗罪的移送标准 / 215

160. 涉嫌提供虚假证明文件罪、出具证明文件重大失实罪的移送标准 / 216

161. 涉嫌强迫劳动罪的移送标准 / 216

162. 涉嫌强令违章冒险作业罪的移送标准 / 217

163. 涉嫌拐卖儿童罪、强迫劳动罪、雇用童工从事危重劳动罪的移送标准 / 217

164. 涉嫌妨害公务罪的移送标准 / 218

165. 涉嫌拒不支付劳动报酬罪的移送标准 / 218

166. 人力资源社会保障部门、公安机关、人民检察院、人民法院在依法查处拒不支付劳动报酬犯罪案件中各自承担的职责 / 219

167. 人力资源社会保障部门向公安机关移送拒不支付劳动报酬犯罪案件的具体要求和相关手续 / 221

168. 涉嫌拒不支付劳动报酬犯罪案件的证据如何认定 / 221

169. 拒不支付劳动报酬行为人可以免除处理的法律依据 / 223

170. 具备用工主体资格的单位将工程业务分包、转包后在支付劳动报酬方面应当承担的责任 / 223

171. 责令支付劳动报酬文书的特殊送达方式如何完成 / 224

172. 公安机关如何处理人力资源社会保障部门移送涉嫌拒不支付劳动报酬犯罪案件，有关部门对此有何具体规定 / 225

173. 人力资源社会保障部门将拒不支付劳动报酬犯罪案件移送公安机关后还需要做哪些工作 / 226

第八编　劳动保障监察"两网化"管理

174. 劳动保障监察"两网化"管理的概念 / 228

175. 推行劳动保障监察"两网化"管理的原因和意义 / 229

176. 劳动保障监察基层网格如何划分 / 229

177. 劳动保障监察基层网格的主要职责 / 230

178. 劳动保障监察基层网格的人员配备和要求 / 231

179. 劳动保障监察基层网格如何采集用工信息 / 231

180. 劳动保障监察基层网格调处简单劳资矛盾纠纷的注意事项 / 232

181. 劳动保障监察网络化管理需要具备的基本功能 / 232

182. 劳动保障监察"两网化"管理的发展前景 / 237

参考文献 / 238

后记 / 239

第一编　基础知识

导读

劳动保障监察作为一项基本法律制度,在世界,经过两百多年的发展,已经形成一个相对独立完整的体系。在中国,经过数十年的发展,中国劳动保障监察体系也已基本建立。本编着重介绍了劳动保障监察的基本定义、基本特征、基本职责、具体作用、一般对象、涉及事项和主要执法形式,同时,阐述了劳动保障监察与劳动安全卫生监察、工会法律监督、劳动争议仲裁之间的区别和关系,由此让读者对劳动保障监察有一个比较全面的了解和认识。

1. 劳动保障监察的基本定义

劳动保障监察，是指法定的专门机关代表国家对劳动和社会保障法律、法规的执行情况进行的检查、处理、处罚等一系列监督活动。劳动保障监察即过去所称的劳动监察，由于我国机构设置的特点，劳动和社会保险职能都在一个部门，即人力资源社会保障部，将社会保险也纳入了劳动监察的范围，故称劳动保障监察。目前国外大多数国家亦称劳动监察。劳动保障监察作为一种国家干预责任，已成为各国经济社会政策中不可或缺的一项基本制度，成为市场经济条件下政府监督和规范用人单位劳动用工管理及维护社会公平的一项重要手段。没有劳动保障监察，劳动立法就难以实施到位，劳资关系就难以实现和谐，企业就难以公平发展，社会就难以保持稳定，这已逐步成为国际社会一个越来越明确的共识。

2. 劳动保障监察的基本特征

一是法定性。从国际上看，劳动保障监察依法进行是各国的通行做法。劳动保障监察的各项规则都是直接由法律法规规定的，如《劳动法》《劳动保障监察条例》。劳动保障监察的主体必须由法律法规确立，未经法律法规明确的部门和组织不具有监察权。劳动保障监察权限也由法律法规规定，劳动保障行政部门必须按照法律法规规定的权限进行监察执法活动，其监察的范围、监察的措施以及监察程序都必须依法执行。超越权限或者不履行职责，也就是说越位、不作为或者乱作为都应当承担相应的法律责任。既不能不作为，也不能越位和乱作为，所有执法行为都必须在法律的框架下进行。这是所有执法行为共同特征,也是劳动保障监察执法的应有属性。

二是行政性。劳动保障监察是一种政府行为,是政府为维护劳动者的合法权益,保证劳动保障法律法规有效地贯彻实施而采取的一项专门监督制度,因此,劳动保障监察属于行政监督的范畴,是劳动保障行政部门实施的具体行政行为,也是一项重要的行政执法活动。被监察对象对劳动保障行政部门作出的行政处理决定或行政处罚不服的,可以依法提请行政复议或行政诉讼。

三是专门性。劳动保障监察不同于一般的监督检查,劳动保障监察是由专门机关为保证劳动保障法律、法规、规章的贯彻实施所进行的专门监督。劳动保障监察只能由劳动保障行政机关进行,具体来讲,只能由专门的劳动保障监察机构实施。虽然目前不少监察机构属于事业编制性质,但都是经过法定授权或依法委托的。这一问题将随着我国行政体制改革的深入而逐步解决。

四是强制性。劳动保障监察是法律权力,是政府行政行为,属于国家劳动保障监察,具有高于其他劳动保障监督的法律效力。劳动保障监察权代表国家强制力,监察的对象应当按照法律规定履行配合劳动保障监察的义务,不得以任何理由任何方式规避监察执法检查。

五是全面性。在劳动保障法律监督体系中,只有劳动保障监察是以国家名义对劳动保障法律法规的实施情况进行统一、全面的检查,其工作内容不仅涉及劳动保障领域法律制度,而且还涉及其他法律制度,如《工会法》等,不论劳动关系的哪个环节,也不管用人单位的隶属关系和所在行业,都在劳动保障监察的范围之内。其他部门和群众组织的劳动保障监督,往往只是单项的,不具有全面性,而只有劳动保障监察所实施的才具有全面性。

3. 劳动保障监察的基本职责

一是宣传劳动保障法律、法规和规章,督促用人单位贯彻执行;

二是检查用人单位遵守劳动保障法律、法规和规章的执行情况;

三是受理对违反劳动保障法律、法规或者规章的行为的举报、投诉；

四是依法纠正和查处违反劳动保障法律、法规或者规章的行为。

从劳动保障监察的四项职责来看，有这样几个关键词必须掌握，即宣传、检查、受理、纠正和查处。同时，还要加上一个关键词，就是服务。在执法中，要将宣传、指导和服务贯穿于执法过程的始终。重在指导用人单位依法做好制定内部规章制度、规范使用合同文本、建立职工名册等重要工作，把和谐稳定的劳动关系建立在扎实的工作基础之上。

4. 劳动保障监察的作用

劳动保障监察作为一种制度，是传承和发展现代人类文明成果的历史使命，是应对经济全球化的必然选择，是我国社会主义市场经济发展的客观要求，是人力资源社会保障行政部门落实构建和谐社会的重要职责。其作用表现在以下四个方面。

一是指导和督促用人单位自觉守法，促进劳动和社会保障法律法规的贯彻实施。劳动保障监察制度在世界很多国家和地区得到了普遍建立，劳动监察成为各国政府规范劳动力市场、调整劳动关系的一项重要社会政策，也是市场经济条件下政府监督和规范用人单位劳动用工管理和维护社会公平的一项重要手段。没有劳动保障监察，劳动立法就难以实施到位，劳资关系就难以实现和谐，企业就难以公平发展，社会就难以保持稳定，这已逐步成为国际上一个越来越明确的理念和共识。改革开放以来，我国先后出台了一系列劳动保障法律法规，为用人单位自觉主动地遵守法律法规提供了依据。但是，再多再好的法律，不去贯彻执行，将成为一纸空文。劳动保障监察的职责和生命力，就是在于指导和督促用人单位自觉守法，促进劳动和社会保障法律法规的贯彻实施。

二是帮助劳动者维护其合法权益，保持劳动关系稳定和谐。随着我国经济体制改革的深化，劳动关系作为重要的生产关系，不论从微观层面，还是从宏观层面来看，对于整个经济的持续健康发展有着直接的影响。当前，我国劳动关系进入矛盾凸显期和多发期，一些地区劳动违法案件居高不下，特别是拖欠农民工工资等损害职工利益的现象仍较突出，集体停工和群体性事件时有发生，成为突出的社会矛盾之一。因此，加大劳动保障监察执法力度，及时发现和查处劳动保障违法行为，保护广大劳动者的合法权益，才能妥善解决影响劳动关系和谐稳定的突出问题，才能为全社会的发展、稳定、和谐奠定坚实的基础。

三是维护人力资源市场秩序和公平环境。随着社会主义市场经济的逐步发展，人力资源市场在我国人力资源配置上的基础性作用越来越显著，维护人力资源市场的有序运行，为广大劳动者创造公平的就业环境，成为劳动保障监察的一项重要任务。随着人口结构的变化，我国进入劳动年龄人口数量延续下降势头，农村转移就业劳动力增量逐步减少，适应转型升级的高素质劳动力相对短缺，劳动力市场供求的变化，在一定程度上将改变劳动关系双方力量的平衡。同时，随着新生代劳动者大量进入劳动力市场，劳动者的权利意识和平等意识增强，不仅关注法定权益的实现，而且要求增加工资和改善劳动条件、共享发展成果的愿望更加强烈。在这个大背景下，国家对人力资源市场秩序非常重视，将维护和规范人力资源市场秩序活动作为制度性、常态化的工作来开展，每年都要组织开展专项检查活动，已成为劳动保障监察每年的常规行动。从十多年来的实践来看，劳动保障监察通过日常巡查和专项检查等执法活动，在取缔非法职业中介、打击各种扰乱人力资源市场秩序的违法行为、维护人力资源市场健康有序发展等方面发挥了积极有效的作用。

四是推进人力资源社会保障事业的发展。劳动保障监察本身是人力资源社会保障行政部门实施的行政执法活动，在推动人力资源社会保障事业发展过程中，肩负义不容辞的重要职责。促进就业，需要劳动保障监察维护良好的人力资源市场秩序，督促培训机构满足劳动者提高职业能力的要求，进而提高就业质量。完善社会保障体系，需要劳动保障监察加大社会保险法律法规的执行力度，使更多的劳动者充分享有社会保障权益，推动扩大社会保险制度的覆盖面。构建和谐劳动关系，需要劳动保障监察切实保障劳动者的各项法定权益，使企业发展的成果惠及所有职工，在此基础上推进建立企业和职工利益共享机制。如此等等，都需要劳动保障监察通过体制机制创新、执法力度加大，来保障人力资源社会保障事业的科学发展。

5. 劳动保障监察与劳动安全卫生监察有什么关系

劳动保障监察与劳动安全卫生监察都是特定行政机关实施的专门的行政执法活动。但是两者职能分工不同，法律依据不同。劳动安全卫生监察是指对企业贯彻执行各项劳动安全卫生法律、法规和规章进行的监督检查，也称职业安全卫生监察。目前，国际上多数国家劳动监察的内容包括职业安全卫生监察和工作环境的监督检查。在中国，由于部门职能分工，劳动监察分为一般劳动监察和专门劳动监察，专门劳动监察包括职业安全监察、矿山安全监察、职业卫生条件监察等。这些专门的劳动监察由专门的职能机构承担。专门劳动监察以外的劳动监察也称一般劳动监察，由劳动行政部门承担，1998年国务院机构改革后，一般劳动监察的范围从劳动领域扩展到社会保障领域，形成目前的劳动保障监察，由人力资源社会保障行政部门负责。

需要指出的是，其他职能部门在按照各自职责开展劳动安全卫生监督检查时，要与人力资源社会保障行政部门实施的劳动保障监察做好衔接工作，劳动保障监察也要加强与相关职能部门的协作与联动工作。

6. 劳动保障监察与工会劳动保障法律监督有什么关系

工会劳动保障法律监督，是指工会组织依法对劳动保障法律法规和规章贯彻实施情况进行的监督活动。在中国工会作为中国共产党领导的职工自愿结合的工人阶级群众组织，其基本职责就是维护职工的合法权益。根据《工会法》《劳动法》等相关法律法规等规定，各级工会依法维护职工的合法权益，对用人单位遵守国家劳动保障法律法规和规章的情况进行监督。这个监督是有组织的群众监督，具有一定的广泛性、法定性和民主性，以权利对抗权力，通过宣传、提醒、协助、参与，强化了及时性和有效性。工会劳动保障法律监督在具体实施过程中，有明确的规定和程序要求，相对于劳动保障监察而言，有一定的柔性和灵活性，它属于群众监督。而劳动保障监察既有权对用人单位遵守劳动保障法律法规情况进行检查，又有权对违法行为进行行政处罚，属于行政执法行为。劳动保障监察和工会劳动保障法律监督都是我国劳动法律法规监督体系的重要组织部分，在贯彻国家劳动保障法律法规的过程中，劳动保障监察部门和工会组织要按照相互支持、相互协调、密切配合的原则，建立相关的工作制度，形成优势互补的工作格局，推进劳动保障法律监督制度建设和工作开展。近年来不少地区建立和推行的劳动保障监察与工会劳动法律监督协作机制就是一个成功的尝试。

阅读参考：劳动保障监察与工会劳动法律监督协作机制

劳动保障监察与工会劳动法律监督协作机制，是指依托工会健全的组织网络优势和劳动行政部门刚性执法优势，建立劳动保障监察和工会劳动法律监督协作新模式，形成紧密的相互配合、前后衔接、快速处置的劳动保障法律监督格局。这一新型的协作机制，对于整合双方资源优势，形成信息共享、制度对接、监督互动的快捷通道，对于维护劳动者合法权益，促进社会和谐稳定，具有积极的作用，实际成效也非常显著。

劳动保障监察与工会劳动法律监督协作内容包括：

（1）人员互聘。地方各级总工会、乡镇（街道）和各类开发园区以及村（社区）工会，应当聘请同级政府劳动保障监察员担任工会劳动法律监督委员会委员或顾问，参与工会劳动法律监督工作。各级劳动行政部门应当聘请同级工会劳动法律监督组织成员担任劳动保障监察协理员，协助做好劳动保障监察工作。

（2）信息互通。企业工会及其劳动法律监督组织与所在区域的政府劳动保障监察的网格，应当建立紧密的信息互通和对接制度，相互支持、密切合作。企业工会发现用人单位有违反劳动法律法规的重要情况，在向上级工会报告的同时，应当及时告知所在区域劳动保障监察机构或人员。劳动保障监察机构或人员发现用人单位有违反劳动法律法规的行为，特别是涉及职工人数较多、有可能引发集体劳动争议的行为，应当及时告知所在区域工会组织。

（3）调解互邀。劳动保障监察机构发现用人单位有违反劳动法律法规的行为，或者接到用人单位违反劳动法律法规的举报投诉，可以邀请工会及其劳动法律监督组织协助调查处理或参与行政调解，也可以在征得用人单位和劳动者同意的情况下，由工会先行调解。工会及其劳动法律监督组织发现用人单位违反劳动法律法规、侵害劳动者合法权益行为，用人单位和劳动者同意调解的，可以邀请劳动保障监察机构参与调解。

（4）处置互动。劳动行政部门收到《工会劳动法律监督建议书》后，对符合立案条件的，应当启动劳动保障监察特殊案件绿色通道，当日立案。不符合立案条件的，要及时向工会说明情况。对工会及其劳动法律监督组织经调查提供的书证、物证、视听材料、电子数据等，劳动行政部门依法查证属实的，可以作为劳动保障监察证据使用。对劳动行政部门向用人单位提出的整改指令和意见，工会应当积极配合劳动行政部门，跟踪抓好监督，督促用人单位及时改正，必要时将有关整改情况告知劳动行政部门。

为了推进工会劳动法律监督与政府劳动保障监察协作的规范化、科学化、长效化，还必须建立健全相应的工作制度：包括情况通报和会商制度、联合检查制度、联合开展宣传调研和信息发布制度。对于在监察或监督过程中发现的重大问题应当及时通报和会商。每年还可以就劳动法律法规实施的一项或多项内容，联合组织开展监督检查、劳动法律法规宣传、劳动用工责任和风险评估以及相关调研等活动，共同发布劳动法律法规监督检查情况和重大事项。

7. 劳动保障监察与劳动争议仲裁的区别

劳动保障监察与劳动争议仲裁同属劳动关系领域的工作范畴，都是调整劳动关系体系的重要组成部分，是劳动者维护合法权益的重要方式，但二者有不尽相同的地方，存在较大区别。

二者区别在于以下几个方面：

（1）处理机构不同。劳动争议仲裁委员会由人力资源社会保障行政部门代表、工会代表和企业方面代表组成，仲裁委员会下设实体化的办事机构，具体承担争议调解仲裁等日常工作；而劳动保障监察主体则是人力资源社会保障行政部门，具体由其依法委托的劳动保障监察机构组织实施。

（2）处理性质不同。劳动争议仲裁是一种社会干预行为，体现三方性，具有准司法性质；而劳动保障监察是一种国家干预责任，是一种行政执法行为。

（3）处理依据不同。劳动争议仲裁可以依据法律法规规定，也可以依据合法有效的劳动合同条款、企业规章制度进行调解和裁决；劳动保障监察所依据的必须是法律法规和规章的规定。

（4）处理程序不同。劳动争议仲裁委员会裁决劳动争议案件实行仲裁庭制。仲裁案件当事人在仲裁过程中有权进行质证和辩论。仲裁庭在作出裁决前，应当先行调解；调解不成或者当事人反悔的，仲裁庭应当及时作出裁决。劳动争议仲裁机构无权对劳动争议当事人进行处罚。而人力资源社会保障行政部门实施劳动保障监察，则是依法开展调查取证，有权采取进入劳动场所检查、询问有关人员等检查调查措施，对违法的行政相对人进行行政处理和行政处罚。

（5）受理时效不同。劳动争议仲裁的受理时效是一年；劳动监察的受理时效是二年。

（6）取证方式不同。劳动争议仲裁实行"谁主张谁举证"；劳动监察是调查取证。

（7）救济途径不同。劳动争议当事人不服仲裁裁决，可以按照有关规定，向人民法院提起民事诉讼；行政相对人不服劳动保障监察行政处理或行政处罚决定，可以按规定申请行政复议或提起行政诉讼。

（8）法律责任不同。劳动争议仲裁只会产生民事责任；劳动保障监察导致的责任是行政责任、民事责任和刑事责任。

8. 正确处理劳动争议仲裁与劳动保障监察的关系

关于劳动争议仲裁与劳动保障监察在实际工作中，最突出的问题是，在现行法律框架下，两个机构对工资报酬、经济补偿、赔偿金和社会保险等方面案件在受理范围存在相互交叉问题，劳动者常常因为自身权益同一事由，同时向劳动争议仲裁机构和劳动保障监察机构申请仲裁或投诉。对于此类问题，需要正确处理好劳动争议仲裁与劳动保障监察的关系。具体来讲：

一要树立五个意识，即大局意识、合作意识、团结意识、服务意识和共赢意识；二要充分发挥各自的职能优势，建立健全劳动监察和劳动争议仲裁的联动协作机制，有分工，有合作，同时建立信息相互通报制度；三要实行告知义务，合理引导，尊重当事人自愿选择原则；四要坚持首问负责，不重复受理，以先受理的机构为准。一旦发现重复受理的，由先受理的机构继续处理，后受理的机构撤销案件，避免两个机构同时处理现象的发生。需要提醒注意的是，对应当通过劳动争议仲裁的事项或者已经按照劳动争议处理程序申请调解、仲裁或者提起诉讼的事项，劳动保障监察机构应当告知投诉人依照劳动争议处理和诉讼的规定办理，劳动保障监察机构可以不予受理。在具体工作实践中，既要防止推诿扯皮行为发生，又要明确职责分工，防止公共资源被滥用。部分地区尝试建立劳动维权统一受理中心的做法与实践取得了很好的成效，即整合劳动监察举报投诉和劳动争议仲裁立案职能，实行"一个窗口"接待群众来访，同时建立劳动监察举报投诉和劳动争议仲裁信息共享平台,保持信息互通、证据互认、共同协商、联合处理。这些有效做法值得推广。

9. 劳动保障监察的一般对象

劳动保障监察的一般对象包括:企业、个体经济组织、民办非企业单位和国家机关、事业单位、社会团体。

10. 什么是企业

企业,是指依法注册取得法人营业执照或者营业执照,从事生产、流通或者服务等经营活动,以获取利润为目的,施行独立经济核算的经济单位,包括法人企业和非法人企业。企业是我国劳动用工和社会保险的主要主体,凡是我国境内的企业,无论所有制形式、组织形式,都属于劳动法律意义上的用人单位,是劳动保障监察最主要的对象之一。企业因分类标准不同,有不同的分类方法。比如,以登记注册类型为标准,将我国企业分为内资企业,港、澳、台商投资企业,外商投资企业三大类。

11. 什么是个体经济组织

个体经济组织,主要是指依法登记注册、取得个体营业执照的个体工商户。作为用人单位的个体经济组织,指的是有雇工的个体工商户。

根据1987年国务院发布施行的《城乡个体工商户管理暂行条例》规定,个体工商户可以在国家法律和政策允许的范围内,经营工业、手工业、建筑业、交通运输业、商业、饮食业、服务业、修理业及其他行业;个体工商户可以个人经营(以个人全部财产承担民事责任),也可以家庭经营(以家庭全部财产承担民事责任);个体工商户可以根据经营情况请一两个帮手,有技术的个体工商户可以带三五个学徒。

12. 什么是民办非企业单位

根据国务院《民办非企业单位登记管理暂行条例》（1998年10月25日国务院令第251号发布施行）规定，民办非企业单位是指企业事业单位、社会团体和其他社会力量以及公民个人利用非国有资产举办的，从事非营利性社会服务活动的社会组织。诸如民办学校、民办医院、民办文艺团体、民办科研院所、民办体育场馆、民办福利院等均是民办非企业单位。2015年3月10日，民政部国家民间组织管理局副局长李勇做客中国政府网时提供的数据，截至2014年年底，全国共有民办非企业单位28.9万个。

值得注意的是，民办非企业单位不在《劳动法》《劳动保障监察条例》规定的适用范围内或者也未列入依照执行的对象，但《劳动合同法》及社会保险等法律、法规和规章将民办非企业纳入其调整范围，人力资源社会保障行政部门及劳动保障监察机构可以按照这些法律规定执法并依法处理。

13. 什么是国家机关、事业单位和社会团体

国家机关，是指从事国家管理或者行使国家权力，以国家预算作为独立活动经费的中央和地方各级机关。既包括国家的权力机关、行政机关、审判机关和检察机关，还包括国家的执政党机关、政治协商机关、参政党机关和参政团体机关。

事业单位，是指国家为了社会公益目的，由国家机关举办或者其他组织利用国有资产举办的，从事教育、科技、文化、卫生等活动的社会服务组织。事业单位经人民政府及其主管部门批准成立后，应当按照规定登记或者备案，并应具备法人条件。

社会团体，是指中国公民自愿组成，为实现会员共同意愿，按照其章程开展活动的非营利性社会组织。社会团体应当具备法人条件，并依照《社会团体登记管理条例》规定进行登记。根据2015年3月10日，民政部国家民

间组织管理局副局长李勇做客中国政府网时提供的数据，截至2014年年底，全国共有社会团体30.7万个。

14.《劳动合同法》及《劳动合同法实施条例》规定的其他用人单位还有哪些

《劳动合同法》及《劳动合同法实施条例》规定的其他用人单位包括：依法成立的会计师事务所、律师事务所等合伙组织和基金会。

（1）会计师事务所。会计师事务所是依法设立并承办注册会计师业务的机构。会计师事务所主要分为两类：一是由注册会计师合伙设立，二是负有限责任的法人。合伙性质的会计师事务所，是《劳动合同法实施条例》第三条明确的对象之一，其合伙人对会计师事务所的债务承担连带责任，会计师事务所以其全部资产对其债务承担责任。而后者，性质为负有限责任法人的会计师事务所，属于企业，是适格的用人单位。

（2）律师事务所

律师事务所是律师的执业机构，应当依法设立并取得执业许可证。律师事务所主要分为合伙律师事务所、个人律师事务所、国家出资设立的律师事务所三类。

根据《律师事务所管理办法》（2008年7月18日司法部令第111号发布施行）规定，合伙律师事务所和国家出资设立的律师事务所应当按照规定为聘用的律师和辅助人员办理社会保险；个人律师事务所聘用律师和辅助人员的，也应当按规定为其办理社会保险。

（3）基金会

基金会是指利用自然人、法人或者其他组织捐赠的财产，以从事公益事业为目的，按照《基金会管理条例》的规定成立的非营利性法人。基金会分为公募基金会和非公募基金会。

15. 国家机关、事业单位和社会团体中有哪些情况需要实施劳动保障监察

根据《劳动保障监察条例》第三十四条规定，人力资源社会保障行政部门根据职责，对国家机关、事业单位、社会团体执行劳动保障法律、法规和规章的情况实施劳动保障监察。这主要包括以下两种情况：一是依照《劳动法》《劳动合同法》等劳动保障法律、法规和规章规定的，与劳动者建立劳动关系的国家机关、事业单位和社会团体。二是按照《社会保险费征缴暂行条例》等社会保险方面的法律、法规和规章，属于社会保险费征缴范围内的国家机关、事业单位和社会团体。

16. 劳动保障监察的特殊对象

劳动保障监察的特殊对象包括：职业介绍机构、职业技能培训机构、职业技能考核鉴定机构、用人单位的分支机构、外国企业常驻代表机构和其他机构和个人等。

17. 什么是职业介绍机构

职业介绍机构是经人力资源社会保障行政部门许可，依法从事职业介绍活动的服务机构。根据《就业促进法》《就业服务与就业管理规定》（劳动社会保障部令第28号），职业介绍机构包括公共就业服务机构和职业中介机构。

18. 什么是职业技能培训机构

职业技能培训机构，主要是指经人力资源社会保障行政部门许可设立的，为开发劳动者的职业技能，增强劳动者就业能力和工作能力的培训机构。一般而言，须经人力资源社会保障行政部门审批设立的职业技能培训机构，以

出资性质进行分类，主要有民办职业技能培训机构、中外合作职业技能培训机构等。

19. 什么是职业技能考核鉴定机构

职业技能考核鉴定机构是经人力资源社会保障行政部门许可设立的，依据职业技能标准，对劳动者的技术水平和工作能力进行评估与认定的专门机构，主要包括行业技能鉴定指导中心和职业技能鉴定站（所）等。《劳动法》规定，国家确定职业分类，对规定的职业制定职业技能标准，实行职业资格证书制度，由经过政府批准的考核鉴定机构负责对劳动者实施职业技能考核鉴定。

需要指出的是，《劳动保障监察条例》第二条第二款规定，对职业介绍机构、职业技能培训机构和职业技能考核鉴定机构进行劳动保障监察，依照该条例执行。它们虽然从性质上讲分别属于企业或民办非企业等，但该条款所指的进行劳动保障监察，不是检查这些服务机构本身的劳动用工和社会保险情况，而是检查其职业介绍行为、职业技能培训行为和职业技能考核鉴定行为。按照"谁许可，谁监督"的原则，人力资源社会保障行政部门有对就业服务机构实施劳动保障监察的职责。这些机构与劳动者的权益联系密切，在一定意义上决定着劳动者就业权益的实现，加强对就业服务机构的监督管理，有利于保护劳动者的权益。

20. 什么是用人单位分支机构

目前，我国除明确禁止民办非企业单位设立分支机构，个体工商户设立分支机构缺乏法律依据，其他类型的用人单位可以依法设立分支机构。《劳动合同法实施条例》第四条规定，"劳动合同法规定的用人单位设立的分支机构，依法取得营业执照或者登记证书的，可以作为用人单位与劳动者订立劳动合同"，也就是说这类分支机构可以作为用人单位直接招用劳动者，属于劳动保障监察对象；但这类分支机构不具备完全独立的法律地位，当其无力承担全部法律责任时，由设立分支机构的用人单位承担责任。

同时，《劳动合同法实施条例》第四条还规定，用人单位设立的分支机构"未依法取得营业执照或者登记证书的，受用人单位委托可以与劳动者订立劳动合同"，即意味着这类分支机构不能作为用人单位直接招用劳动者，此时应当以设立这类分支机构的用人单位作为劳动保障监察对象。

21. 什么是外国企业常驻代表机构

根据《关于管理外国企业常驻代表机构的暂行规定》（1980年10月30日国务院发布施行）、《关于外国企业常驻代表机构的登记管理办法》（1983年3月5日国务院批准，1983年3月15日国家工商行政管理局公布施行）规定，经批准的外国企业及其他外国经济组织的常驻代表机构，应依法向工商行政管理部门办理登记；除两国政府已有协议规定外，不得从事直接经营活动。常驻代表机构租用房屋、聘请工作人员，应当委托当地外事服务单位或者中国政府指定的其他单位办理。华侨、港澳台同胞经营的企业申请在国内设立常驻代表机构的，参照上述规定办理登记，领取华侨、港澳台企业常驻代表机构登记证。

可见，外国企业常驻代表机构（华侨、港澳台企业常驻代表机构）不属于劳动法律意义上的合法用人单位。常驻代表机构不得直接招用劳动者，应当委托外事服务单位等办理，如可以通过与具有资质的劳务派遣公司使用劳务派遣工。

22. 劳动保障监察的对象还包括哪些其他机构和个人

除用人单位和职业中介机构、职业技能培训机构、职业技能考核鉴定机构之外，劳动保障监察对象还包括其他机构和个人。

对于医疗保险定点医疗机构、医疗保险定点药品零售药店、工伤保险协议医疗机构等社会保险服务机构，根据《劳动保障监察条例》规定，如其骗取社会保险待遇或者骗取社会保险基金支出的，由人力资源社会保障行政部门予以查处。一些地方也通过立法的形式明确将这类机构作为劳动保障监察对象。如根据《黑龙江省劳动保障监察条例》规定，对医疗保险定点医疗机构、医疗保险定点药品零售药店、工伤保险协议医疗机构实施劳动保障监察，依照该条例执行。又如，根据《天津市劳动和社会保障监察条例》规定，人力资源社会保障行政部门应对劳动能力鉴定机构、医疗保险定点的医疗机构和药店，进行劳动能力鉴定和执行基本医疗保险规定的情况实施监察。

此外，特定情况下的个人也可能成为劳动保障监察对象，如骗取社会保险待遇或者骗取社会保险基金支出的个人，或者为不满16周岁的未成年人介绍就业的个人等。《劳动保障监察条例》《工伤保险条例》《禁止使用童工规定》等法律、法规和规章对实施上述违法行为的个人也设定了相应的法律责任。

23.劳动保障监察的主要事项

切实履行劳动保障监察职责，除要准确把握劳动保障监察的对象范围外，还必须明确应当对劳动保障监察对象的哪些行为实施监察，即劳动保障监察事项。劳动保障监察事项说的是监察能够做的哪些事情，也就是要明确对用人单位哪些行为需要进行检查。按照依法行政的要求，劳动保障监察内容必须法定，劳动保障监察事项必须合法。劳动保障监察的事项及内容来源于我国现行的劳动保障法律法规，具体包括《劳动法》《劳动合同法》《就业促进法》《社会保险法》《劳动保障监察条例》等法律法规所规定的内容。这些内容是所有用人单位遵守劳动保障法律、法规和规章的情况,确切地讲就是对国家法定的劳动标准和劳动保障事项的落实情况。劳动保障监察事项涉及就业管理,劳动合同和规章制度,工作时间、休息休假和工资支付,社会保险,职业介绍和职业培训等多方面的监督检查内容。

具体事项主要有八项:

(1)用人单位制定内部劳动保障规章制度的情况。

(2)用人单位与劳动者订立劳动合同的情况。

(3)用人单位遵守禁止使用童工规定的情况。

(4)用人单位遵守女职工和未成年工特殊劳动保障规定的情况。

(5)用人单位遵守工作时间和休息休假的情况。

(6)用人单位支付劳动者工资和执行最低工资标准的情况。

(7)用人单位参加各项社会保险和缴纳社会保险费的情况。

(8)职业介绍机构、职业技能培训机构和职业技能考核鉴定机构遵守国家有关职业介绍、职业技能培训和职业技能考核鉴定规定的情况。

24.用人单位制定内部劳动保障规章制度的要求

知识要点:用人单位规章制度直接涉及劳动者切身利益,主要是指有关劳动报酬、工作时间、休息休假、劳动安全卫生、保险福利、职工培训、劳动纪律以及劳动定额管理等。在具体制定过程中,必须内容合法、程序合法、公示合法。

用人单位规章制度是用人单位根据其经营管理需要制定的,有关行政管理、生产操作、工作时间、工资福利等方面的各种规则、章程和制度的总称,是确定劳动者和用人单位权利义务的具体化规定。《劳动法》《劳动合同法》均明确规定,用人单位应当依法建立和完善规章制度。《劳动合同法》规定了直接涉及劳动者切身利益的规章制度的具体制定程序,即应当经职工代表大会或者全体职工讨论,提出方案和意见,与工会或者职工代表平等协商确定;并应当将此类规章制度公示,或者告知劳动者,让劳动者知晓。

《劳动保障监察条例》在《劳动法》基础上，将用人单位制定内部劳动保障规章制度的情况列为劳动保障监察事项之一。《劳动合同法》进一步规定，人力资源社会保障行政部门应依法对用人单位制定直接涉及劳动者切身利益的规章制度及其执行情况进行监督检查，发现直接涉及劳动者切身利益的规章制度违反法律、法规规定的，由人力资源社会保障行政部门责令改正，给予警告。

案例选读：制定企业规章制度必须程序合法

2010年1月5日，劳动保障监察机构接到陈某实名举报，反映其女儿在某城市商业银行工作，因所在银行新制定了企业规章制度，如从2010年1月1日起，所有员工必须提前30分钟到岗做好准备工作，延迟30分钟离岗做好总结工作，且不算加班时间，造成女儿工作压力加大，精神紧张。为此，要求劳动保障监察机构予以纠正查处。

经劳动保障监察机构依法检查发现，虽然该银行已将《关于调整工作时间规章制度的通知》张贴公示，但在制定时没有经过员工代表大会或者是全体员工讨论。监察员向该银行指出，其为加强内部管理是可以制定相应的劳动规章制度，关于工作时间的规定，属于直接涉及劳动者切身利益的规章制度、重大事项，必须依照《劳动合同法》规定的程序制定；但银行却没有经过这些法定程序，而是由管理层直接制定，在程序上属违法。

在调查取证后，人力资源社会保障行政部门依程序下达了《限期整改指令书》，责令该银行限期改正；还将依法作出对该银行予以警告的行政处罚。该银行于2010年1月15日召开银行全体员工大会，宣布废止不合法规定。

25. 用人单位与劳动者订立劳动合同的要求

知识要点：劳动合同，是劳动者与用人单位确立劳动关系、明确双方权利和义务的协议。

根据《劳动合同法》及《劳动合同法实施条例》《劳动保障监察条例》等规定，人力资源社会保障行政部门依法对用人单位与劳动者订立和解除劳动合同的情况进行监督检查，主要包括以下事项：

（1）是否依法与劳动者订立劳动合同

《劳动合同法》第十条规定，建立劳动关系，应当订立书面劳动合同。对于已经建立劳动关系但未同时订立书面劳动合同的，给予了一个月的宽限期，即应当自用工之日起一个月内订立书面劳动合同。对用人单位与劳动者建立劳动关系，超过一个月仍不依法订立劳动合同的，人力资源社会保障行政部门应当依据《劳动保障监察条例》第二十四条规定，责令用人单位改正。

此外，《劳动合同法》第八十二条规定："用人单位自用工之日起超过一个月不满一年未与劳动者订立书面劳动合同的，应当向劳动者每月支付二倍的工资。用人单位违反本法规定不与劳动者订立无固定期限劳动合同的，自应当订立无固定期限劳动合同之日起向劳动者每月支付二倍的工资。"《劳动合同法实施条例》明确规定，用人单位应当向劳动者每月支付二倍的工资而未支付的，人力资源社会保障行政部门应当责令支付。

案例选读：不签订劳动合同的代价

赵某与钱某为同村同学。2008年7月1日由苏北职业高中毕业，赵某学的是车工，钱某学的是电焊工，两人在毕业同时，都取得了相关专业的职业资格证书。2008年7月10日，经早先出去打工的老乡孙某介绍，进入苏南某市一家机械加工企业工作。不知不觉工作已有半个多月，厂方人力资源部通过车间负责人通知他们来签订劳动合同，在正式签订劳动合同时，两人发现月工资与原来的承诺相差很大，厂方原先承诺的工资是每月1 200元，但签订正式合同时只按照每月850元，这也是厂方所在地最低工资标准，另外，劳动合同中没有参加社会保险条款。厂方解释1 200元是包括工资、奖金和加班费等总收入，至于参加社会保险要等进厂一年后看其表现再定。

这件事情发生后，两人虽受心理打击，但觉得自己有一定技术，不愁找不到满意的工作，抱着"骑驴找马"的心理，一边继续在原车间上班，一边通过各种途径寻求新的工作岗位。

转眼间，一个月过去了，2008年9月16日，电焊工钱某在当地另一家机械加工企业找到工作，于是，他向厂方提出离职，厂方极力挽留不下，只好放人。钱某走后，赵某孤身一人，情绪降至冰点，非常低落，一连几天旷工，厂方无奈以他严重违反规章制度，将赵某辞退。赵某被辞退后，心里不服，找到好友钱某商量。

2008年9月25日，他们两人一起到当地劳动监察机构，投诉这家机械厂违反劳动合同法，要求支付两倍工资，并支付经济补偿。赵某和钱某两人去劳动监察机构投诉后，将他们了解到《劳动合同法》的一些相关规定同时告诉了老乡孙某，孙某突然发现自己与这家机械厂签订的劳动合同已经过了原先约定的期限，孙某与厂方约定的劳动合同期限截止日期是2008年6月30日，不知是厂方疏忽，还是其他什么原因，一直继续用工，但没有与孙某续签劳动合同。在他们两人点拨后，没过几天，孙某也到当地劳动监察机构投诉，要求按照《劳动合同法》的规定，请求厂方支付他合同期限到期后继续工作3个月的两倍工资。

苏南某市劳动监察支队接到他们的投诉后，作了受理并分别立案，展开了调查。由于案件发生时间较近，案情也不复杂，投诉人提供的事实证据也很清楚，厂方也给予了配合。经过一系列程序，当地劳动保障局在事实确凿的前提下，根据《劳动合同法》的相关规定，对厂方作出了行政处理决定，责令厂方支付赵某和钱某2008年7月至9月工作期间的两倍工资，并支付半个月工资的经济补偿。责令厂方支付孙某2008年7月至9月工作期间的两倍工资，并补订书面劳动合同。

同时责令厂方就其他方面存在的违反劳动保障法律法规的行为进行整改，包括不按《劳动合同法》规定在签订书面劳动合同时不能遗漏必备条款和参加社会保险等问题。厂方迫于多重压力，接受了劳动保障行政部门的处理决定。

（2）是否存在劳动合同文本方面的问题

《劳动合同法》规定，劳动合同应当具备九项条款，劳动合同文本由用人单位和劳动者各执一份。如果用人单位提供的劳动合同文本未载明劳动合同必备条款或者用人单位未将劳动合同文本交付劳动者的，由人力资源社会保障行政部门责令改正。

案例选读：劳动合同文本未交付劳动者是违法行为

2012年6月，劳动者张某因对单位扣发其奖金的纪律处分不服，准备向劳动争议仲裁院申请仲裁，张某到单位人力资源管理部索要劳动合同文本时，却遭到了拒绝，单位解释说："劳动合同文本已经装入职工档案由单位统一保管。"于是，张某来到劳动保障监察机构投诉，要求企业将劳动合同文本交付其本人一份。

根据《劳动合同法》和《劳动保障监察条例》有关规定，劳动保障监察机构立案受理了劳动者张某的投诉，并指派主办监察员进行调查处理。调查证实，该公司于2011年7月招用了12名劳动者并依法签订了两年期限的固定期限劳动合同，劳动合同签订后由公司统一保管，一直没有将劳动合同文本交还给劳动者本人一份。劳动保障监察员依法下达了限期整改指令，责令该公司将劳动合同文本交付给劳动者一份，及时纠正了该公司把劳动者应持有的一份劳动合同文本统一装入劳动者的档案资料中由单位统一保管，没有交付给劳动者这一违法行为。

（3）是否违法与劳动者约定试用期

知识要点： 所谓试用期，是指包括在劳动合同期限内的，劳动关系还处于非正式状态,用人单位对劳动者是否合格进行考核,劳动者对用人单位是否适合自己要求进行了解的期限。换言之,试用期是用人单位与新员工进行双向考察和熟悉的缓冲期,其作用是劳动者防范劳动风险和用人单位防范用工风险。试用期满,被试用者即成为正式职工。试用期期间,劳动者的法定权益同样需要保护。

用人单位与劳动者可以约定试用期,但应当符合《劳动合同法》关于试用期的规定。如果用人单位违反《劳动合同法》规定与劳动者约定试用期的,由人力资源社会保障行政部门责令改正。如果违法约定的试用期已经履行的,则由用人单位以劳动者试用期满月工资为标准,按已经履行的超过法定试用期的期间向劳动者支付赔偿金。根据《劳动合同法实施条例》规定,用人单位依照《劳动合同法》的规定应当向劳动者支付赔偿金而未支付的,人力资源社会保障行政部门应当责令支付。在《劳动合同法》中,试用期只是约定必备条款,而不是法定必备条款。单独试用期的合同是违法的,也是不允许存在的,试用期在劳动合同期限中。

> **案例选读:不能利用试用期规避法律责任**
>
> 2009年3月,张某被某广告公司录取,广告公司通知他于3月15日报到上班,同时告知试用期3个月,试用合格后签订劳动合同,办理社会保险。工作2个月时,张某发现单位同期录取的另14名员工签订了劳动合同,但未办理社会保险,于是在2009年5月,向劳动保障监察机构举报该单位违法行为。劳动保障监察机构依法予以立案处理。
>
> 劳动保障监察机构受理该举报后,及时向该单位劳资负责人调查了解情况,调阅单位员工花名册、工资表、劳动合同和社会保险登记及缴纳材料,发现举报人反映情况属实。公司负责人认为,员工在试用期期间,尚未转正,不应该

享受社会保险权利，显然，这一认识是错误的。公司的做法违反了《劳动法》第七十二条规定，根据《劳动保障监察条例》第二十四条和《社会保险费征缴暂行条例》第二十三条规定，劳动行政部门对该公司下达《劳动保障监察限期改正决定书》，责令广告公司在7天内与该15名员工补签劳动合同，为他们补办社会保险，并对公司关于劳动合同试用期约定条款进行特别政策指导。三天后该公司与15名新员工补办了两个月的社会保险。

（4）是否违法扣押劳动者证件或收取财物

《劳动合同法》第九条规定："用人单位招用劳动者，不得扣押劳动者的居民身份证和其他证件，不得要求劳动者提供担保或者以其他名义向劳动者收取财物。"若用人单位违法扣押劳动者居民身份证等证件的，由人力资源社会保障行政部门责令限期退还劳动者本人，并依照有关法律规定给予处罚。用人单位违法以担保或者其他名义向劳动者收取财物的，则由人力资源社会保障行政部门责令限期退还劳动者本人，并以每人五百元以上二千元以下的标准处以罚款。

案例选读：用人单位与劳动者订立劳动合同不得扣押证件

刘某于2010年12月20日进入某私营医院工作，2011年1月1日与该医院签订为期五年的劳动合同，双方在劳动合同中约定了提前解除合同及保守商业秘密、竞业限制的违约责任。2014年2月，医院以做医疗广告需要为由，收取刘某临床执业医师资格证书、临床执业助理医师资格证书、临床执业助理医师执业证书、某省级医院进修结业证书共四个证件，事后一直不予退还。2014年10月，刘某多次与院方协商终止合同无果，2014年11月12日以挂号信的形式向医院寄送辞职报告，一个月后离开医院。2015年1月12日刘某向劳动保障监察机构投诉，要求该医院退还被扣押的证件。经调查，刘某2011年进入医院后，由医院联系在某省级医院进修半年，取得某省级医院进修结业证书,但进修费用全部自理,进修期间不拿工资。医院共有医生3人,其余2名医生的证件也都被院方以做医疗广告需要为由收取后扣押不予退还。

最终,劳动行政部门责令医院限期退还刘某所有被扣押的证件,同时对医院处以3 000元的罚款。对于医院与刘某关于承担违约责任、作出相应赔偿以及竞业限制等方面的争议,劳动监察机构告知当事人可以向劳动争议仲裁委员会申请仲裁。

案例选读:"违约金"还是"押金"?

2010年3月5日,某公司员工黄某向劳动保障监察机构诉称:她于2009年11月1日被某公司聘用,担任营业员,签订了一年期限的劳动合同,劳动合同第八条约定:"当事人一方违反合同时,应承担违约责任,向对方支付违约金500元。"该公司在签订劳动合同时收取了黄某违约金500元。2010年2月28日,黄某因该公司工资低且未办理社会保险辞职,并请求该公司退还违约金500元,但该公司以黄某违约为由不予退还已收取的违约金。

劳动保障监察机构受理此案后,向该公司进行了调查。该公司人事主管称:黄某属本公司员工,在卖场从事营业员岗位工作,在签订劳动合同时收取黄某违约金500元属实。同时该公司解释之所以收取员工违约金,是因为招用的营业员属于技术工种,需要培训才能上岗,收取违约金是为了防止人员随意流动,增强责任感,防止商业秘密外泄等。并认为公司收取违约金的做法符合《劳动合同法》的有关规定,黄某在一年合同期限没有到期的情况下自行离职是明显的违约行为,公司不退还她的违约金是正确的。

监察员在听取了该公司人事主管的意见后,认为要弄清以下几个问题:1.该公司是否对黄某进行了专项技术培训?2.违约金能否在建立劳动关系时收取?3.黄某的离职是否应该承担违约责任?

经监察员调查核实:该公司是一家普通的贸易公司,未取得"专业技术培训"的资质，招用黄某担任卖场营业员只进行简单的企业内部上岗培训。黄某与该公司签订的劳动合同的主要内容是：合同期一年；工资为标准工资1 000元加提成；违约金500元等。黄某在签订劳动合同时按公司的要求缴纳了违约金500元。黄某因公司的工资低且未办理社会保险，决定辞职。辞职行为合法，不应承担违约责任。

劳动保障监察机构认定该公司收取违约金违反了《劳动合同法》第九条的规定，根据《劳动合同法》第八十四条第二款规定，劳动行政部门依法作出了责令整改指令，责令该贸易公司退还黄某500元，同时对该贸易公司作出处以500元罚款的行政处罚决定。

（5）解除或终止劳动合同，是否按规定向劳动者支付经济补偿

知识要点： 经济补偿是用人单位解除劳动合同，应当向劳动者支付的法定补偿。除劳动者主动解除或劳动者过失性解雇外，用人单位解除劳动合同，都应当按国家规定给予劳动者经济补偿。经济补偿的情形，需要按照《劳动合同法》第四十六条规定的要求来处理。劳动合同终止，用人单位仍应当支付经济补偿。

《劳动合同法》施行前，《劳动法》《违反和解除劳动合同的经济补偿办法》均未规定用人单位应该对劳动合同到期终止的情形向劳动者支付经济补偿。《劳动合同法》第四十六条第一款第五项、第六项对劳动合同终止支付经济补偿的情形作出了具体规定，即以下劳动合同终止的情形，用人单位也应当支付经济补偿：

（一）除用人单位维持或者提高劳动合同约定条件续订劳动合同，劳动者不同意续订的情形外，劳动合同期满而终止的；

（二）因用人单位被依法宣告破产而终止劳动合同的；

（三）因用人单位被吊销营业执照、责令关闭、撤销或者用人单位决定提前解散而终止劳动合同的。

《劳动合同法》及《劳动合同法实施条例》规定了用人单位应当依法向

劳动者支付经济补偿的情形。如果解除或者终止劳动合同,用人单位未依法向劳动者支付经济补偿的,由人力资源社会保障行政部门责令限期支付;若逾期仍不支付的,责令其按应付金额50%以上100%以下的标准向劳动者加付赔偿金。

案例选读:劳动合同到期终止必须依法支付经济补偿

李某,原系某汽车运输公司安全员。2008年6月17日,李某到某市劳动保障监察机构投诉某汽车运输公司在与其终止劳动合同后拒绝支付终止劳动合同的经济补偿。该市劳动保障监察机构依法受理了该投诉。

劳动监察机构提取了由李某提供的其与运输公司签订的劳动合同、居民身份证、运输公司出具的劳动合同到期终止不再续签的通知等材料复印件,向李某详细询问情况并制作了询问笔录。

在接受询问时李某陈述:其于2004年10月31日到运输公司工作,该公司与其先后签订了两次劳动合同,第一次签订的劳动合同期限为2004年10月31日至2007年4月30日,约定月工资1 300元;第二次签订的劳动合同期限为2007年5月1日至2008年4月30日,约定月工资为1 000元。第二次签订的劳动合同期满前一个月,该公司提出合同终止后不再与李某续订劳动合同,并向李某开具了不再续签劳动合同的通知书;李某认为按照《劳动合同法》的规定,除用人单位维持或者提高劳动合同约定条件续订劳动合同,劳动者不同意续订的情形外,劳动合同自动终止应当支付经济补偿,因此在离职后向该公司要求支付经济补偿,然而遭到拒绝。

在谈及投诉请求时,李某表示,应当责令运输公司按两次劳动合同的期限,每满一年支付一个月工资的标准向其支付经济补偿。

案件承办监察员随后前往运输公司对该案件进行调查。该公司法定代表人接受询问,确认李某所陈述的情况属实,并提供了公司与李某签订的劳动合同，向李某出具的劳动合同到期终止不再续签的通知等材料复印件。该负责人同时表示，李某提出要求公司支付经济补偿一定是其搞错了，因为解除劳动合同需要支付经济补偿，劳动合同到期终止并不需要支付经济补偿，希望劳动行政部门对李某做好法律宣传工作。案件承办监察员没有立即对此意见发表看法，而是详细询问了劳动合同终止的原因及李某工作期间的工资报酬并做好记录。该负责人还称，公司没有被依法宣告破产或被吊销营业执照、责令关闭、撤销、决定提前解散等情形，终止与李某的劳动合同系因劳动合同到期，公司决定不再与李某续订劳动合同。

案件查实后，劳动保障监察机构认定运输公司与李某的劳动合同终止后不支付王某经济补偿的行为属于违法行为，该公司应当支付李某相当于其半个月工资标准的经济补偿。2008年7月9日，该市劳动社会保障局向运输公司下达行政处理事先告知书，拟要求该公司支付李某经济补偿500元。但该公司在收到行政处理事先告知书后，次日向劳动社会保障局提出申辩，要求不付经济补偿，理由是公司认为李某不再适合工作需要，经过培训或者调整工作岗位，仍不能胜任工作，且已提前一个月书面告知李某终止劳动合同，因此劳动合同到期后公司有权不再与其续订劳动合同，也不应当支付经济补偿。在问及该公司对李某进行不能胜任工作的培训或调整工作岗位的具体情况时，该公司却无法说明，也提供不出任何证据。

该市劳动社会保障局认为案件事实清楚，运输公司系终止劳动合同不支付经济补偿，其申辩理由不能成立。2008年7月14日，劳动社会保障局向该公司下达行政处理决定书，要求该公司在收到处理决定书之日起十五日内支付李某经济补偿500元。该公司在处理决定书规定的时间内主动支付了李某的经济补偿。

（6）是否存在因违法解除或终止劳动合同而应当支付赔偿金却未支付的情况

《劳动合同法》第四章和《劳动合同法实施条例》第三章就劳动合同的

解除和终止作了具体规定。用人单位违法解除或者终止劳动合同，若劳动者要求继续履行劳动合同的，用人单位应当继续履行；若劳动者不要求继续履行劳动合同或者劳动合同已经不能继续履行的，用人单位应当按照《劳动合同法》第四十七条规定的经济补偿标准的二倍向劳动者支付赔偿金。如果用人单位拒不支付赔偿金，人力资源社会保障行政部门应当责令支付。

（7）解除或终止劳动合同时，是否出具相关证明或扣押劳动者档案等物品

《劳动合同法》第五十条规定："用人单位应当在解除或者终止劳动合同时出具解除或者终止劳动合同的证明，并在十五日内为劳动者办理档案和社会保险关系转移手续。"用人单位未依法向劳动者出具解除或者终止劳动合同的书面证明，由人力资源社会保障行政部门责令改正。劳动者依法解除或者终止劳动合同，用人单位扣押劳动者档案或者其他物品的，由人力资源社会保障行政部门责令限期退还劳动者本人，并以每人五百元以上二千元以下的标准处以罚款。

（8）劳务派遣中劳务派遣单位或用人单位是否存在违法行为

知识要点：劳务派遣单位经营劳务派遣业务需要具备一定条件，并向劳动行政部门申请行政许可。

被派遣劳动者享有与用工单位劳动者同工同酬的权利，享有依法在用工所在地参加社会保险的权利和相应的福利待遇。劳动合同用工是我国企业基本用工形式，劳务派遣用工是补充形式，只能在临时性、辅助性或者替代性的工作岗位上实施。

用工单位应当严格控制劳务派遣用工数量，使用的被派遣劳动者数量不得超过其用工总量的 10%。

《劳动合同法》第五章第二节和《劳动合同法实施条例》第四章对劳务派遣作出了具体规定，明确了劳务派遣单位和用工单位的义务，并规定了相应的行政法律责任，2012 年 12 月 28 日第十一届全国人民代表大会常务委

员会第三十次会议通过了关于修改《劳动合同法》的决定。对劳务派遣单位经营劳务派遣业务的行政许可、劳务派遣用工的范围、比例和相关要求作了严格规定，并调整了相关的法律责任。主要有以下两方面：

——劳务派遣单位违反本法规定，未经许可，擅自经营劳务派遣业务的，由劳动行政行政部门责令停止违法行为；没收违法所得，并处违法所得一倍以上五倍以下的罚款；没有违法所得的，可以处五万元以下罚款。

——劳务派遣单位、用工单位违反有关劳务派遣规定的，劳动行政部门责令限期改正；逾期不改正的，以每位被派遣劳动者五千元以上一万元以下的标准处以罚款。对劳务派遣单位，吊销其劳务派遣业务经营许可证。用工单位给被派遣劳动者造成损害的，劳务派遣单位和用工单位承担连带赔偿责任。

26. 用人单位遵守禁止使用童工规定的要求

知识要点：童工，指用人单位招用的不满16周岁的未成年人。

根据《劳动法》《禁止使用童工规定》等法律、法规规定，人力资源社会保障行政部门负责禁止使用童工规定执行情况的监督检查。

如果用人单位使用童工，由人力资源社会保障行政部门按照每使用一名童工每月处5 000元罚款的标准给予处罚，并应责令用人单位限期将童工送回原居住地交其父母或者其他监护人；逾期不送交的，从责令限期改正之日起，按照每使用一名童工每月处1万元罚款的标准处罚，并由工商行政管理部门吊销其营业执照或者由民政部门撤销民办非企业单位登记（用人单位是国家机关、事业单位的，由有关单位依法对直接负责的主管人员和其他直接责任人员给予行政处分或者纪律处分）。如果单位或者个人为不满16周岁的未成年人介绍就业的，由人力资源社会保障行政部门按照每介绍一人处5 000元罚款的标准给予处罚。同时，《禁止使用童工规定》要求用人单位应当妥善保管录用人员的录用登记、核查材料，未按照规定保存录用登记材料或者伪造录用登记材料的，处1万元罚款。

此外,文艺、体育和特种工艺单位招用未满16周岁的未成年人,必须依照国家有关规定,履行审批手续,并保障其接受义务教育的权利。学校、其他教育机构以及职业培训机构按照国家有关规定组织不满16周岁的未成年人进行不影响其人身安全和身心健康的教育实践劳动、职业技能培训劳动,不属于使用童工。

案例选读:谁将承担非法使用童工的责任?

2010年12月28日,某市劳动保障监察机构接匿名电话举报,反映某单位存在非法使用童工的行为,要求劳动保障监察机构依法查处。接到群众举报后,劳动保障监察机构及时进行了登记立案,并迅速组织人员进行调查取证。通过现场调查,询问相关责任人和当事人,调阅该单位的职工花名册、工资发放表、考勤表等资料,掌握了该单位非法使用童工的基本情况。经查,该单位于2004年8月在市工商行政管理部门注册成立,主营加工和销售工艺品。2010年5月15日该单位与承包人李某签订了合作经营协议书,李某为社会自然人,并未领取个体经营执照,双方在协议中表明,该单位出租生产厂房和生产技术,李某可以利用该厂的工商营业执照、《劳动和社会保障登记证》招用人员进行生产和产品销售。2010年11月4日,李某从其安徽老家陆续招用了22名外来劳动力,其中确实有一名童工张某,被查处时仅14周岁。恰逢李某经营面临亏损,在调查后,李某意识到使用童工违法行为的严重性,随即逃逸消失了。

2011年1月16日,该市劳动行政部门依法向该单位发出了劳动保障监察行政处罚决定书,认定该单位存在非法使用童工张某一个多月的违法事实,违反了《劳动法》第十五条和《禁止使用童工规定》第二条、第四条;依据《劳动法》第九十四条、《禁止使用童工规定》第六条,责令该单位三天内将张某送回原居住地并交其父母;且给予该单位经济罚款10 000元整的行政处罚决定。该单位对劳动保障监察的调查及对存在非法使用童工的违法行为无异议，接受了整改意见并缴纳了罚款。

27. 用人单位遵守女职工和未成年工特殊劳动保障规定的要求

（1）用人单位遵守女职工特殊劳动保护规定的情况

我国对女职工实行特殊劳动保护。《劳动法》《女职工劳动保护特别规定》和《女职工禁忌劳动范围的规定》等法律、法规和规章对女职工禁忌从事的劳动范围，女职工经期、孕期、产期、哺乳期的特殊保护等方面作了明确规定。

根据《劳动法》《劳动保障监察条例》等规定，用人单位有下列违反女职工特殊劳动保护规定行为之一的，由人力资源社会保障行政部门责令改正，按照受侵害的劳动者每人1 000元以上5 000元以下的标准计算，处以罚款：（1）安排女职工从事矿山井下劳动、国家规定的第四级体力劳动强度的劳动或者其他禁忌从事的劳动的；（2）安排女职工在经期从事高处、低温、冷水作业或者国家规定的第三级体力劳动强度的劳动的；（3）安排女职工在怀孕期间从事国家规定的第三级体力劳动强度的劳动或者孕期禁忌从事的劳动的；（4）安排怀孕7个月以上的女职工夜班劳动或者延长其工作时间的；（5）女职工生育享受产假少于98天的；（6）安排女职工在哺乳未满1周岁的婴儿期间从事国家规定的第三级体力劳动强度的劳动或者哺乳期禁忌从事的其他劳动，以及延长其工作时间或者安排其夜班劳动的。

此外，《劳动法》《劳动合同法》规定，女职工在孕期、产期、哺乳期的，除协商一致或者因女职工过错等原因外，用人单位不得解除劳动合同；劳动合同期满的，应当续延至相应的情形消失时终止。

案例选读：女职工在哺乳期内理应受到特殊保护

吴某，2010年7月大学毕业，应聘到一家民营软件开发企业上班，2012

年1月结婚，同年12月生育并享受了产假。2014年6月，胡某因国家开放单独二胎政策，再次生育，吴某休完产假后，回到原单位上班。没想到，企业负责人对她生二胎，非常不满，认为胡某来企业短短几年时间主要精力就是忙于生孩子。吴某上班后，企业负责人认为，她应该将生育耽误的时间补回来。因此，经常安排吴某加班。吴某认为，既然国家开放单独二胎政策，企业就应该无条件执行国家政策，不能因为生二胎而遭遇歧视和打击。于是找到企业负责人，询问哺乳期能否不加班。企业负责人认为，企业已经按国家规定让她休了产假，休完产假后，她就应该和其他职工一样上班。因要哺乳婴儿，吴某连续三天没加班，单位便以其"严重违反企业规章制度"为由，解除了与她的劳动合同。吴某拿到单位解除劳动合同的通知后，立即到当地劳动保障监察部门投诉。

劳动保障监察部门认为，根据《劳动法》的规定，女职工在哺乳未满1周岁的婴儿期间，不得安排其延长工作时间和夜班劳动，企业安排吴某加班的做法明显违反了上述规定，必须责令改正。

（2）用人单位遵守未成年工特殊劳动保护规定的情况

《劳动法》《未成年人保护法》和《未成年工特殊保护规定》对未成年工特殊劳动保护问题进行了规定。对此实施劳动保障监察，主要是检查用人单位是否遵守以下规定：（1）不得安排未成年工从事矿山井下、有毒有害、国家规定的第四级体力劳动强度的劳动和其他禁忌从事的劳动；（2）用人单位应当对未成年工定期进行健康检查。如在安排工作岗位之前，工作满一年时，年满十八周岁、距前一次的体检时间已超过半年等情况。

关键概念：未成年工，是指年满十六周岁未满十八周岁的劳动者。

《劳动法》《劳动保障监察条例》对违反上述规定的用人单位制定了行政法律责任，即由人力资源社会保障行政部门责令改正，按照受侵害的劳动者每人1 000元以上5 000元以下的标准计算，处以罚款。另外，《娱乐场所管理条例》（国务院令第458号）第五十一条规定：娱乐场所招用未成年人的，由劳动保障行政部门责令改正，并按照每招用一名未成年人每月处5 000元的标准给予处罚。

28. 用人单位遵守工作时间和休息休假的要求

根据我国宪法关于保护劳动者休息权方面的规定，《劳动法》在第四章对工作时间和休息休假作了具体规定。人力资源社会保障行政部门应依法对用人单位遵守国家关于劳动者工作时间和休息休假规定的情况进行监督检查，主要包括不得违法延长工作时间和应按规定安排带薪年休假两方面内容。

（1）用人单位不得违法延长劳动者工作时间

根据《劳动法》等法律、法规和规章，用人单位安排劳动者加班的，应先与工会和劳动者协商，并保障劳动者身体健康，遵守加班时间上限的规定。但有下列情形之一的，加班可不受时间上限等限制：①发生自然灾害、事故或者因其他原因，威胁劳动者生命健康和财产安全，需要紧急处理的；②生产设备、交通运输线路、公共设施发生故障，影响生产和公众利益，必须及时抢修的；③法律、行政法规规定的其他情形。

违法延长劳动者工作时间，是指在一般情况下，实行标准工时制度的用人单位未保证劳动者每周至少休息一日、安排劳动者每日加班超过3小时、安排劳动者每月加班超过36小时等情形。根据《劳动法》《劳动保障监察条例》规定，用人单位违法延长劳动者工作时间的，由人力资源社会保障行政部门给予警告，责令限期改正，并可以按照受侵害的劳动者每人100元以上500元以下的标准计算，处以罚款。

（2）用人单位应按规定安排带薪年休假

我国实行带薪年休假制度。职工连续工作一年以上的，享受带薪年休假。《职工带薪年休假条例》《企业职工带薪年休假实施办法》《机关事业单位工作人员带薪年休假实施办法》对带薪年休假制度进行了具体规定。如果用人单位确因工作需要不能安排职工休年休假的,经本人同意,可以不安排职工休年休假。对职工应休未休的年休假天数,用人单位应当按照该职工日工资收入的300%支付年休假工资报酬,其中包含单位支付其正常工作期间的工资收入。

对于不安排职工休年休假又不依法支付年休假工资报酬的,由人力资源社会保障行政部门依据职权责令限期改正;对逾期不改正的,除责令该用人单位支付未休年休假工资报酬外,用人单位还应当按照未休年休假工资报酬的数额向职工加付赔偿金。

29. 用人单位支付劳动者工资和执行最低工资标准的要求

实施劳动保障监察,应依法对用人单位支付劳动合同约定的劳动报酬和执行最低工资标准的情况进行检查。根据《劳动法》《劳动合同法》《劳动保障监察条例》规定,对于用人单位存在未按照劳动合同的约定或者国家规定及时足额支付工资,低于当地最低工资标准支付工资,安排加班不支付加班费等行为之一的,由人力资源社会保障行政部门责令限期支付工资、低于最低工资标准的差额部分或者加班费;逾期不支付的,责令用人单位按应付金额50%以上100%以下的标准向劳动者加付赔偿金。

(1)不得克扣或者无故拖欠工资

用人单位应当按照劳动合同约定和国家规定,以货币形式按月向劳动者及时足额支付劳动报酬,不得克扣或者无故拖欠劳动者的工资。

根据原劳动部《工资支付暂行规定》和《对〈工资支付暂行规定〉有关问题的补充规定》,"克扣"系指用人单位无正当理由扣减劳动者应得工资,不包括以下代扣情况:①用人单位代扣代缴的个人所得税;②用人单位代扣代缴的应由劳动者个人负担的各项社会保险费用;③法院判决、裁定中要求代扣的抚养费、赡养费;④法律、法规规定可以从劳动者工资中扣除的其他费用。

"克扣"也不包括以下减发工资的情况：①国家的法律、法规中有明确规定的；②依法签订的劳动合同中有明确规定的；③用人单位依法制定并经职代会批准的厂规、厂纪中有明确规定的；④企业工资总额与经济效益相联系，经济效益下浮时，工资必须下浮的；⑤因劳动者请事假等相应减发工资等。此外，因劳动者本人原因给用人单位造成经济损失的，用人单位可按照劳动合同约定要求其赔偿经济损失，可从劳动者本人的工资中扣除，但每月扣除的部分不得超过其当月工资的20%，且剩余部分不得低于最低工资标准。

"无故拖欠"系指用人单位无正当理由超过约定或规定时间未支付劳动者工资，但不包括以下情形：①用人单位遇到非人力所能抗拒的自然灾害、战争等原因，无法按时支付工资；②用人单位确因生产经营困难、资金周转受到影响，在征得本单位工会同意后，可暂时延期支付劳动者工资。

案例选读：不得无故拖欠职工工资

2014年11月14日，某县劳动监察大队接到67名职工投诉，反映该县某服饰有限公司老板张某拖欠工资，并于2014年11月13日晚将设备及产品转移，下落不明。

县劳动监察大队依法立案调查，经查，67名职工在某服饰有限公司从事服装加工，期间，也没有遭遇非人力所能抗拒的自然灾害，也没有出现生产经营方面的特别困难，公司职工照常从事生产计划安排的工作。直到2014年11月13日，公司负责人突然人间蒸发，职工才发现大事不妙，随即向该县劳动监察大队投诉。经过详细核算，该公司负责人张某拖欠他们2014年10月1日至2014年11月13日期间工资13万余元。张某将财产转移后，并随后更改了移动电话号码。2014年11月18日，该县人力资源社会保障局在该服饰有限公司住所张贴《劳动保障监察限期改正指令书》，责令其限期支付拖欠的工人工资，但张某逾期未按要求改正。

2014年12月1日，该县人力资源社会保障局依法将此案移送公安机关。

公安机关立案后，对张某开展网上追逃，2015年1月4日，张某被某市某派出所抓获。2015年2月3日，张某及其家人将全部工人工资支付完毕。

（2）支付工资不得低于最低工资标准

知识要点：最低工资标准，是指劳动者在法定工作时间或依法签订的劳动合同约定的工作时间内提供了正常劳动的前提下，用人单位依法应支付的最低劳动报酬。正常劳动，是指劳动者按依法签订的劳动合同约定，在法定工作时间或劳动合同约定的工作时间内从事的劳动。劳动者依法享受带薪年休假、探亲假、婚丧假、生育（产）假、节育手术假等国家规定的假期间，以及法定工作时间内依法参加社会活动期间，视为提供了正常劳动。

在劳动者提供正常劳动的情况下，用人单位应支付给劳动者的工资在剔除下列各项以后，不得低于当地最低工资标准：①延长工作时间工资，即加班费；②中班、夜班、高温、低温、井下、有毒有害等特殊工作环境、条件下的津贴；③法律、法规和国家规定的劳动者福利待遇等。在监督检查时，要先减去上述项目后再与最低工资标准比较，决定用人单位是否违法。如某地月最低工资标准为960元，用人单位支付给劳动者的月工资为1 200元（包括300元加班费），减去加班费后低于最低工资标准，应属违法行为。但是，由于劳动者本人原因造成在法定工作时间内或依法签订的劳动合同约定的工作时间内未提供正常劳动的，则不适用最低工资标准的有关规定。

案例选读：最低工资不包括加班工资

2015年3月初，某市劳动监察支队接到李某投诉，要求某物业公司补足其2014年8月低于该市最低工资标准的差额部分。

经批准立案后，监察员随即对案件展开调查。通过调阅用人单位提供的2014年8月考勤表及工资表后发现，用人单位在发放工资时，将基本工资与加班工资合并计算，认为只要支付的工资总额不低于最低工资标准就是合法的。其制作的工资发放表表明，李某2014年8月的工资为1 800元，其中，加班工资500元，基本工资1 300元，月工资低于该市最低工资标准160元。

该物业公司的行为违反了《劳动法》第四十八条第二款的规定，劳动保障行政部门依据《劳动保障监察条例》第二十六条第一款第（二）项的规定，依法下达了《劳动保障监察限期改正指令书》，要求用人单位补足低于当地最低工资标准的差额部分160元。同时，监察员向用人单位耐心细致地讲解了国家法律法规中关于最低工资的规定，单位表示积极改正错误，在规定期限内支付给李某低于最低工资部分的工资差额160元。

此案系典型的低于最低工资标准支付工资案件。在案件的调查过程中，监察员发现，用人单位对工资及最低工资的具体含义理解存在偏差，认为只要工资支付总额不低于最低工资即不构成违法，这显然是错误的。工资与最低工资虽然在文字表达上，都体现出工资，但二者构成不同，代表的含义也有区别，最低工资还有重要的意义。《劳动法》第四十八条规定，国家实行最低工资保障制度，最低工资的具体标准由省、自治区、直辖市人民政府规定，报国务院备案。用人单位支付劳动者的工资不得低于当地最低工资标准。国家通过立法，强制规定用人单位支付给劳动者的工资不得低于国家规定的最低工资标准，目的是保障劳动者能够满足其自身及其家庭成员基本生活的需要。因此用人单位不能随意、简单地将劳动者基本工资和加班工资合并，低于最低工资标准发放劳动者的工资，必须严格按照国家有关规定执行。

本案是查处用人单位违反最低工资保障规定的案件，案件焦点在于用人单位对最低工资的含义的错误认识，支付给劳动者的工资扣除加班工资后低于当地最低工资标准。经劳动保障监察员依法处理，用人单位纠正了错误认识，积极改正了违法行为。

（3）安排加班应依法支付加班费

用人单位安排加班的，应当按照国家有关规定向劳动者支付加班费，这方面的规定主要有：

——标准工时制度的加班工资支付

用人单位安排劳动者在日法定标准工作时间以外加班的，应按照不低于劳动者本人小时工资的150%支付工资报酬;安排劳动者在休息日加班的,应先安排补休,不能安排补休的,应按照不低于劳动者本人日或小时工资的200%支付工资报酬;安排劳动者在法定休假日加班的,应按照不低于劳动者本人日或小时工资的300%支付工资报酬。

实行计件工资的劳动者,在完成计件定额任务后,由用人单位安排加班的,应根据上述规定的原则,分别按照不低于其本人法定工作时间计件单价的150%、200%、300%支付其工资报酬。

——综合计算工时工作制的加班工资支付

用人单位经批准实行综合计算工时工作制的,其综合计算工作时间超过法定标准工作时间的部分,视为加班时间,应按不低于劳动者本人小时工资的150%支付工资报酬;用人单位在法定休假日安排劳动者工作的,按不低于劳动者本人日或小时工资的300%支付工资报酬。

此外,对于经批准实行不定时工作制的劳动者,根据原劳动部《工资支付暂行规定》和一些地方性法规、地方政府规章的规定,不执行上述有关加班工资的规定。但根据《深圳市员工工资支付条例》《厦门市企业工资支付条例》等一些地方的规定,用人单位安排实行不定时工作制的劳动者在法定休假日工作的,要按照300%的标准支付加班工资。

30. 用人单位参加各项社会保险和缴纳社会保险费的要求

《劳动法》明确规定,国家发展社会保险事业,建立社会保险制度,设立社会保险基金,使劳动者在年老、患病、工伤、失业、生育等情况下获得帮助和补偿。根据《劳动合同法》《劳动保障监察条例》《社会保险费征缴暂行条例》等法律、法规和规章的规定,人力资源社会保障行政部门应对用人单位参加各项社会保险和缴纳社会保险费的情况进行监督检查。

(1)对用人单位办理、变更、注销社会保险登记的检查

用人单位应当自成立之日起30日内,到当地社会保险经办机构办理社

会保险登记，领取社会保险登记证件，参加社会保险。用人单位的社会保险登记事项发生变更或者用人单位依法终止的，应当自变更或者终止之日起30日内，办理变更或者注销社会保险登记手续。

如果用人单位未按照规定办理社会保险登记、变更登记或者注销登记的，由人力资源社会保障行政部门责令限期改正；情节严重的，对直接负责的主管人员和其他直接责任人员可以处1 000元以上5 000元以下的罚款；情节特别严重的，对直接负责的主管人员和其他直接责任人员可以处5 000元以上10 000元以下的罚款。用人单位伪造、变造社会保险登记证的，给予警告，并可以处以5 000元以下的罚款。

（2）对用人单位按规定申报缴费数额的检查

用人单位应当依法按时向社会保险经办机构申报应缴纳的社会保险费数额。对于未按照规定申报应缴纳的社会保险费数额的用人单位，由人力资源社会保障行政部门责令限期改正；情节严重的，对直接负责的主管人员和其他直接责任人员可以处1 000元以上5 000元以下的罚款；情节特别严重的，对直接负责的主管人员和其他直接责任人员可以处5 000元以上10 000元以下的罚款。

此外，还要对用人单位申报缴费数额时是否存在瞒报工资总额或职工人数的行为进行检查。现实中，一些用人单位通过瞒报工资总额或职工人数的方式，以达到少缴社会保险费的目的。根据《劳动保障监察条例》第二十七条第一款规定，用人单位向社会保险经办机构申报应缴纳的社会保险费数额时，若瞒报工资总额或者职工人数的，由人力资源社会保障行政部门责令用人单位改正，并处瞒报工资数额1倍以上3倍以下的罚款。

（3）对用人单位依法缴纳和代扣代缴社会保险费的检查

用人单位和劳动者应当以货币形式按时全额缴纳社会保险费，社会保险费不得减免。劳动者应缴的社会保险费，由所在用人单位从其本人工资中代扣代缴。如果用人单位未按规定缴纳和代扣代缴社会保险费，由人力资源社会保障行政部门或者税务机关责令限期缴纳；逾期仍不缴纳的，除补缴欠缴数额外，从欠缴之日起，按日加收千分之二的滞纳金。用人单位未按规定从劳动者工资中代扣代缴社会保险费的，给予警告，并可以处以5 000元以下的罚款。

实施劳动保障监察，还要检查用人单位是否存在违反有关财务、会计、统计的法律、行政法规和国家有关规定，伪造、变造、故意毁灭有关账册、材料，或者不设账册，致使社会保险费缴费基数无法确定的行为，若造成社会保险费迟延缴纳的，除依法征缴、加收滞纳金外，还要对直接负责的主管人员和其他直接责任人员处以5 000元以上20 000元以下罚款。

此外，用人单位未按规定向其职工公布本单位社会保险费缴纳情况的，应当给予警告，并可以处以5 000元以下的罚款。

（4）对骗取社会保险待遇或者基金支出行为的检查

骗取社会保险待遇，主要是指采取欺骗、虚构事实、伪造有关证明文件等手段，骗取各项社会保险待遇的行为，如伪造年龄或不属于特殊工种提前退休领取养老金，虚构事实骗取工伤保险、生育保险待遇等。骗取社会保险基金支出，主要是指用人单位、医疗机构等采取伪造单据、证明等弄虚作假的手段，从社会保险基金中骗取社会保险基金的行为。如医疗机构及其工作人员用非医疗保险用药冒充医疗保险用药以骗取医疗保险基金支出，治疗工伤所需的费用不符合工伤保险诊疗项目目录，却冒充符合国家规定标准，骗取工伤保险基金支出等行为。

对骗取社会保险待遇或者骗取社会保险基金支出的单位和个人，由人力资源社会保障行政部门责令退还，并处骗取金额1倍以上3倍以下的罚款；构成犯罪的，依法追究刑事责任。

31. 职业介绍机构、职业技能培训机构和职业技能考核鉴定机构遵守国家有关职业介绍、职业技能培训和职业技能考核鉴定规定的要求

（1）对职业中介机构的监察事项

对职业中介机构实施劳动保障监察，主要是检查其遵守国家有关职业中

介规定的情况，相应的行政法律责任主要有以下几方面：

①违反规定，未经许可和登记，擅自从事职业中介活动的，由人力资源社会保障行政部门或者其他主管部门依法予以关闭；有违法所得的，没收违法所得，并处一万元以上五万元以下的罚款。

②职业中介机构违反规定，未明示职业中介许可证、监督电话的，由人力资源社会保障行政部门责令改正，并可处以一千元以下的罚款；未明示收费标准的，提请价格主管部门依据国家有关规定处罚；未明示营业执照的，提请工商行政管理部门依据国家有关规定处罚。

③职业中介机构违反规定，未建立服务台账，或虽建立服务台账但未记录服务对象、服务过程、服务结果和收费情况的，由人力资源社会保障行政部门责令改正，并可处以一千元以下的罚款。

④职业中介机构违反规定，在职业中介服务不成功后未向劳动者退还所收取的中介服务费的，由人力资源社会保障行政部门责令改正，并可处以一千元以下的罚款。

⑤职业中介机构违反规定提供虚假就业信息，为无合法证照的用人单位提供职业中介服务，或者伪造、涂改、转让职业中介许可证的，由人力资源社会保障行政部门或者其他主管部门责令改正；有违法所得的，没收违法所得，并处一万元以上五万元以下的罚款；情节严重的，吊销职业中介许可证。

⑥职业中介机构违反规定扣押劳动者居民身份证等证件的，由人力资源社会保障行政部门责令限期退还劳动者，并依照有关法律规定给予处罚。职业中介机构违反规定向劳动者收取押金的，由人力资源社会保障行政部门责令限期退还劳动者，并以每人五百元以上二千元以下的标准处以罚款。

⑦职业中介机构为不满16周岁的未成年人介绍就业的，由人力资源社会保障行政部门按照每介绍一人处5 000元罚款的标准给予处罚，并吊销其职业中介许可证。

⑧职业中介机构发布的就业信息中包含歧视性内容的，为无合法身份证件的劳动者提供职业中介服务的，介绍劳动者从事法律、法规禁止从事的职业的，

以暴力、胁迫、欺诈等方式进行职业中介活动的，或者超出核准的业务范围经营的，由人力资源社会保障行政部门责令改正，没有违法所得的，可处以一万元以下的罚款；有违法所得的，可处以不超过违法所得三倍的罚款，但最高不得超过三万元；情节严重的，提请工商行政管理部门依法吊销营业执照。

（2）对职业技能培训机构的监察事项

①对民办职业技能培训机构的监察事项

根据《民办教育促进法》等规定，人力资源社会保障行政部门主要检查民办职业技能培训机构是否有擅自分立、合并，擅自改变名称、层次、类别和举办者，发布虚假招生简章或者广告骗取钱财，非法颁发或者伪造学历证书、结业证书、培训证书、职业资格证书，管理混乱严重影响教育教学、产生恶劣社会影响，提交虚假证明文件或者采取其他欺诈手段隐瞒重要事实骗取办学许可证，伪造、变造、买卖、出租、出借办学许可证，恶意终止办学、抽逃资金或者挪用办学经费等行为。

如果民办职业技能培训机构存在上述违法行为，由审批的人力资源社会保障行政部门或者其他有关部门责令限期改正，并予以警告；有违法所得的，退还所收费用后没收违法所得；情节严重的，责令停止招生、吊销办学许可证；构成犯罪的，依法追究刑事责任。社会组织和个人擅自举办民办职业技能培训机构的，由县级以上人力资源社会保障行政部门责令限期改正，符合法律规定的民办职业技能培训机构条件的，可以补办审批手续；逾期仍达不到办学条件的，责令停止办学，造成经济损失的，依法承担赔偿责任。

②对中外合作职业技能培训机构的监察事项

根据《中外合作办学条例》等规定，人力资源社会保障行政部门主要检查是否存在未经批准擅自设立中外合作职业技能培训机构，或者以不正当手段骗取许可证的；筹备设立期间招收学生，假出资或者在成立后抽逃出资，管理混乱、教育教学质量低下造成恶劣影响，发布虚假招生简章骗取钱财等违法行为。存在前述违法行为的，由人力资源社会保障行政部门依法予以处理、处罚。

（3）对职业技能考核鉴定机构的主要监察事项

根据原劳动部《职业技能鉴定规定》的规定，人力资源社会保障行政部门对职业技能考核鉴定机构实施劳动保障监察,主要检查其是否有未取得许可证或超范围实施职业技能鉴定,是否存在超标准收费,以及伪造、仿制或滥发证书等违法行为。

此外,对未经人力资源社会保障行政部门许可,从事职业中介、职业技能培训、职业技能考核鉴定的组织、个人,特别是对于无证无照的职业中介机构(俗称"黑职介"),既违法了《无照经营查处取缔办法》等工商行政管理规定,也违反了《就业促进法》《就业服务与就业管理规定》等规定,这就要求人力资源社会保障行政部门应及时会同工商行政管理部门依法查处,形成合力,建立行之有效的多部门综合治理的联动执法机制。

32. 劳动保障监察执法的主要形式

劳动保障监察执法的主要形式包括:日常巡视检查、审查用人单位按照要求报送的书面材料(也称书面审查)、专项执法检查、受理举报投诉检查和处理群体性、突发性事件等。其中,日常巡视检查、书面审查、专项执法检查属于主动监察,受理举报投诉检查属于被动监察,处理群体性、突发性事件属于特别监察。

33. 什么是日常巡视检查

日常巡视检查是指劳动保障监察人员按照制订的规划、计划,以一定的周期和频率主动巡视用人单位及劳动场所,及时发现违法行为,并依法处理的过程。它是世界各国劳动监察机构通行的工作方式,也是我国劳动保障监察采取的最主要形式。这一形式最为明显的特点就是主动性和经常性。开展日常巡视检查要注意这样几件事项:一是上门巡视检查至少要有两名监察员,监察员个人不能够单独行动;二是每年的巡视检查要按照上级机关的目标管理考核要求,保证巡视检查用人单位的数量,目前一般要求每名专职监察员每年巡视用人单位不得少于60户；三是各级监察机构要根据不同阶段的工作重点制订出巡视检查的年度和季度的计划，做到心中有数，适时监控。

34. 什么是书面审查

书面审查，是指劳动保障行政部门根据工作需要，要求用人单位定期或者不定期其劳动用工和社会保险方面的书面材料，并对书面材料进行审查。对用人单位进行书面审查是法律赋予劳动保障监察机构的职责，也是劳动保障监察的主要执法方式之一。书面审查最大的好处是增加了用人单位的遵守和执行劳动保障法律法规的自觉性、主动性和积极性。同时，对用人单位进行书面审查，实际上也是对用人单位进行全方位地"体检"，通过"体检"，能够及时全面掌握用人单位用工管理存在的问题和不足，以便及时提醒和改进。当前书面审查工作，需要进一步扩大对用人单位书面审查的覆盖面，不断提升书面审查数据分析的应用效能。书面审查是一项有益无害的工作，必须加大宣传力度，提高用人单位的参审率。同时，要重视对基层队伍的培训，确保书面审查数据的质量和完整，并在此基础上，强化数据分析能力，提升书面审查数据分析的效果。

35. 什么是专项执法检查

专项执法检查，是指为了集中解决劳动保障法律、法规和规章在执行过程中存在的突出问题，劳动保障行政部门可以根据工作需要，集中一定时间和人员，对一定范围的用人单位遵守劳动保障法律、法规和规章的情况开展专项检查。专项检查一般实行经常性检查和突击性检查相结合。这个执法形式，最近几年开展得比较普遍，从国家层面来看，一年要布置3~4次，基本形成一个常态工作。省里和各市每年还有不少自选动作和行动。几年下来，专项执法检查取得明显成效，并形成了许多成功的做法和经验。比如多部门联合执法、上下联动、建立长效机制等。

36. 什么是受理举报投诉检查

受理、处理投诉举报检查，是指劳动保障行政部门对于任何组织和个人有关用人单位违反劳动保障法律法规或者规章行为的举报，以及劳动者认为用人单位侵犯其劳动保障权益的投诉，进行调查并作出处理的行政执法活动。这一执法活动是我们日常采取的最多，也是最常见的一种执法形式。这一执法形式需要重点把握两个问题。一是投诉与举报的区别。投诉是劳动者个人因为劳动保障合法权益受到用人单位侵犯而向劳动保障行政部门进行的控告。当事人必须实名投诉，劳动保障行政部门有义务告知当事人关于投诉情况的受理和处理结果。而举报是对用人单位违反劳动保障法律、法规和规章的普遍问题进行的检举和控告。不需要举报人真实姓名，可以实名，也可以匿名，因此，也不需要告知结果。二是建立与畅通投诉举报渠道的问题。要通过开辟电话、网络和窗口等多种渠道，方便快捷地满足广大劳动者的劳动维权要求。

37. 什么是处理群体性、突发性事件

劳动保障群体性事件，是指因劳动保障权益矛盾引发的劳动者集体上访、停工、怠工及其他群体性事件，也属于突发性社会安全事件。处理这类事件也是劳动保障监察的一项重要执法活动。处理群体性、突发性事件必须把握这样几点要求：一是要事先做好劳动保障群体性、突发性事件的专项应急预案，要居安思危，防微杜渐，未雨绸缪，建立健全劳动保障监察的预警机制和应急处置机制，做好应对各种事件和风险的准备。二是要建立完整的企业用工管理信息与反馈网络，加强对重点地区、行业和重点企业的监控力度，及时获取、准确分析各类信息，确保党和政府所必需的社会动态和情报信息渠道的畅通，消除突发事件的隐患和潜在的不安定因素。群体性、突发性事件必须按照有关规定及时上报，不得延误。三是要建立统一指挥、功能齐全、反应灵敏、运转高效的应急处置机制，增强快速反应和及时应变的处置能力，努力将矛盾控制在萌芽状态和未蔓延之时，尽最大可能减少社会不稳定因素。

第二编　实务要领之一：受理与立案

导读

举报和投诉是任何组织和公民的基本权利。劳动监察制度建立初期，已经废止的《劳动监察规定》等地方法规规章中均无投诉这个概念，而是统称为举报。2004年12月1日施行的《劳动保障监察条例》首次明确提出了举报和投诉这两个不同的概念。

从受理条件上看，举报和投诉既有相同之处，也有差别，主要体现在受理要求和受理后的处理程序方面。

举报和投诉接待受理是一门极具方法性和专业性的工作，需要接待人员具备高超的业务能力、高度的工作责任感以及热情的工作态度。

劳动保障监察立案是人力资源社会保障行政部门决定对劳动保障监察案件进行调查处理的活动，是案件调查处理开始的标志，是每个案件处理必经的法定阶段。劳动保障监察立案具有严格的条件和时效要求，进入立案环节后，案件调查处理均应按照劳动保障监察案件办理程序处理。

38. 举报的概念

所谓举报，是指任何组织或者个人对违反劳动保障法律、法规或者规章的行为向人力资源社会保障行政部门检举、揭发或者提供线索的一种行为。

举报是宪法和法律赋予公民参与管理国家和社会的一项民主权利。受人员、经费等因素的限制，目前我国人力资源社会保障行政部门的执法能力和效率远不能适应当前劳动保障监察工作形势的需要，举报制度的建立，对快速、直接掌握用人单位违法信息，节约劳动保障监察执法成本，提高工作效率具有积极意义。为鼓励举报人的举报行为，国家制定了举报奖励制度，即对为查处重大违反劳动保障法律、法规或者规章行为提供主要线索和证据的有功人员、组织给予奖励，同时也规定人力资源社会保障行政部门对举报人遵循举报保密原则，以全面保护举报人，从而使举报人对举报行为再无顾虑。

法律政策依据

《劳动保障监察条例》第九条第一款　任何组织或者个人对违反劳动保障法律、法规或者规章的行为，有权向劳动保障行政部门举报。

第九条第三款　劳动保障行政部门应当为举报人保密；对举报属实，为查处重大违反劳动保障法律、法规或者规章的行为提供主要线索和证据的举报人，给予奖励。

39. 投诉的概念

所谓投诉是指劳动者对用人单位侵犯其劳动保障合法权益的行为，向人力资源社会保障行政部门反映并提出相关诉求的一种行为。投诉是当事人维护自身劳动保障合法权益的重要救济方式。

法律政策依据

《劳动保障监察条例》第九条第二款 劳动者认为用人单位侵犯其劳动保障合法权益的，有权向劳动保障行政部门投诉。

40. 举报和投诉的区别

举报和投诉都是维护劳动者劳动保障合法权益的途径和方式，但是既然《劳动保障监察条例》明确提出了两个概念，二者必然有所区别。一是二者的主体性质不同。举报人可以是组织也可以是个人，一般情况下并非劳动合法权益受到侵害的当事人；而投诉人则必须是劳动合法权益受到侵害的当事人本人。二是二者的形式要件不同。举报人可以通过信函、来访、电话、网络等多种方式举报，可以实名也可以匿名；而投诉人必须向人力资源社会保障行政部门递交符合条件的投诉文书，可以到访当面递交，也可以采取邮寄、传真等方式递交，不论何种方式均应提供投诉人身份证件信息实名投诉。三是二者的保密要求不同。对实名举报的举报人，人力资源社会保障行政部门有义务为其保密；而投诉人是权益被侵害者本人，投诉的违法事实亦涉及投诉人本人，同时投诉人还提出明确的投诉请求，在投诉案件查处过程中无法隐藏投诉人信息，因此人力资源社会保障行政部门无须也无法为投诉人保密。四是二者的处理程序不同。人力资源社会保障行政部门在接到投诉之日起5个工作日内必须作出相关处理决定（不予受理、告知投诉人补正材料、决定受理等处理决定），而对举报处理则没有5个工作日的严格规定。五是二者对举报、投诉人的告知要求不同。因为遵循举报保密原则，匿名举报的则无法核实举报人的身份信息，因此对匿名举报的举报人，人力资源社会保障行政部门可以不告知其举报案件的登记、受理、查处等执法信息；但对实名举报的举报人，可以在核实举报人身份真实性后告知其案件查处信息。而对于投诉案件，人力资源社会保障行政部门应当与当事人保持密切沟通和联系，及时告知投诉案件查处情况及处理结果。六是举报、投诉人对二者处理结果不服的救济渠道不同。投诉人认为人力资源社会保障行政部门未依法履行法定职责的，可以依法申请行政复议或者提起行政诉讼；由于目前我国《行政诉讼法》暂不支持行政公益诉讼，所以举报人如果认为人力资源社会保障行政部门未依法履行法定职责而想申请行政复议或者行政诉讼的，目前无法得到相关部门的受理。

案例选读：劳动者是举报还是投诉

某公司因经营不善拖欠职工工资三个月有余，职工们讨要无果决定集体向当地劳动保障监察机构反映。但在约好在当地人社局碰头反映问题的当日，仅有3名职工依约到场，因此该3名职工向劳动保障监察机构递交了投诉材料，劳动保障监察机构依法为3人办理了投诉登记。同时，根据该3名职工提供的线索，当地劳动保障监察机构对该公司拖欠职工工资行为另行办理举报登记。

41. 受理举报的条件

与受理投诉的条件不同，人力资源社会保障行政部门受理举报的条件较为宽松，只要通过举报发现用人单位有违反劳动保障法律、法规或者规章行为的，属于劳动保障监察职权范围及满足受理时效，需要进行调查处理的，均应及时立案查处。

对不属于劳动保障监察职权范围的举报，如果举报人当场或者通过举报电话向劳动保障监察机构举报的,应当即时告知举报人向有处理权的机关反映。如果举报人通过信函举报的,应当将信函移送有处理权的机关处理。

> **法律政策依据**
>
> 《关于实施〈劳动保障监察条例〉若干规定》第十九条 劳动保障行政部门通过日常巡视检查、书面审查、举报等发现用人单位有违反劳动保障法律的行为,需要进行调查处理的,应当及时立案查处。

42. 受理投诉的条件

根据前章内容,人力资源社会保障行政部门对当事人的投诉有可能面临行政复议或者行政诉讼的风险,因此从受理条件上看,相较于举报而言,受理投诉的条件则相对严格。一是要求用人单位的违反劳动保障法律、法规、规章的行为发生在2年内;二是要求投诉人提供明确的被投诉用人单位,且投诉人的合法权益受到侵害是被投诉用人单位违反劳动保障法律、法规、规章的行为所造成的;三是投诉人的投诉内容必须属于劳动保障监察职权范围,且被投诉用人单位必须由受理投诉的劳动保障行政部门管辖。

对不满足上述三个条件的投诉,人力资源社会保障行政部门应当针对不同情况作出不同处理。

(1)对超过2年时效的投诉,应当在接到投诉之日起5个工作日内决定不予受理,并书面通知投诉人。也就是说,对办理了投诉手续的投诉人,人力资源社会保障行政部门应当出具书面告知,根据原劳动和社会保障部在全国规范统一的文书样本,一般使用《劳动保障监察不予受理投诉决定书》告知投诉人。

(2)对没有明确的被投诉用人单位,或无法确定投诉人的合法权益受到侵害系被投诉用人单位违反劳动保障法律、法规、规章的行为所造成的,人力资源社会保障行政部门应当告知投诉人补正投诉材料。这个告知可以是口头告知，也可以是书面告知。

（3）对不属于劳动保障监察职权范围的投诉，人力资源社会保障行政部门应当告诉投诉人，如果投诉人是到场投诉的，应当即时告诉投诉人，如果投诉人是邮寄信函投诉的，可以电话告知，也可以书面告知；对属于劳动保障监察职权范围但不属于受理投诉的人力资源社会保障行政部门管辖的投诉，应当告知投诉人向有管辖权的人力资源社会保障行政部门提出。

近年来，我国人力资源社会保障行政部门积极创新劳动保障监察执法机制，尤其在进一步畅通劳动者举报投诉渠道等方面进行了有益探索。2012年江苏省人力资源和社会保障厅率先在全省打造窗口、电话、网络三位一体的劳动保障监察联动举报投诉平台，全省联动举报投诉平台以信息化管理为手段，整合劳动保障监察机构和12333咨询服务资源，按照"统一受理、联动处理、属地管理、分级负责、全程监督"的工作原则，对全省多点受理的举报投诉进行分拣流转、管辖协调和监督调度，快捷高效地查处各类侵害劳动者权益的违法案件。无论是来自12333举报投诉电话还是全省统一的网上联动举报投诉平台，以及覆盖省、市、县（市、区）三级劳动保障监察机构以及乡镇（街道）一级网格的1 200多个举报投诉接待窗口，上述各类渠道接收的所有举报投诉信息，均统一录入联动举报投诉平台。各级劳动保障监察机构对属于本级管辖的举报投诉进行登记、受理和处理；对不属于本级管辖的举报投诉按规定进行批转、流转，通过联动举报投诉平台将举报投诉信息传递至有管辖权的劳动保障监察机构受理并查处，真正实现"一点举报投诉、全省联动受理"，无须劳动者自行寻找有管辖权的劳动保障监察机构举报投诉，避免劳动者来回奔波之苦，方便劳动者就近就便维权。2015年，人力资源和社会保障部办公厅下发《关于建立劳动保障监察举报投诉案件省级联动处理机制的意见》，要求各省、自治区、直辖市以信息系统为支撑，依托12333咨询服务电话、互联网以及省、市、县（市、区）级劳动保障监察机构举报投诉窗口，逐步建立健全劳动保障监察举报投诉案件省级联动处理机制。随着该项机制的建设和完善，劳动者在省级行政区域内的维权之路将会更加顺畅、便捷。

此外，对有下列情形之一的投诉，人力资源社会保障行政部门应当告知投诉人依照劳动争议处理或者诉讼程序办理。一是应当通过劳动争议处理程序解决的；二是已经按照劳动争议处理程序申请调解、仲裁的；三是已经提起劳动争议诉讼的。一般说来，因用人单位违反劳动保障法律行为对劳动者造成损害，劳动者与用人单位就赔偿发生争议的，则应当依照国家有关劳动争议处理规定处理。劳动者或者用人单位与社会保险经办机构发生的社会保险行政争议，按照《社会保险行政争议处理办法》处理。上述情形对劳动者的告知可以口头告知，也可以是书面告知。

法律政策依据

《关于实施〈劳动保障监察条例〉若干规定》第十五条、十六条、十七条和第十八条规定。

43. 受理举报投诉的原则

一是公开原则。劳动保障法律、法规和规章应当向劳动者广为宣传，各级劳动保障监察机构的名称、地址及举报投诉电话全面公开，举报投诉接待规范、制度和流程上墙，接待人员身份信息亮明，使举报投诉人对举报投诉受理工作有基本的了解并取得举报投诉人的信任。二是便民原则。人力资源社会保障行政部门应当创新工作机制，拓宽维权平台和途径，逐步将举报投诉接待窗口向基层延伸，有条件的可以开辟24小时维权热线，简化举报投诉登记和操作程序，方便劳动者就近、就便举报投诉。三是管辖原则。劳动保障监察管辖主要指各级人力资源社会保障行政部门之间的分工和权限划分，在实践中是举报投诉受理的重要业务原则。一般说来，管辖原则主要分为有一般管辖原则和特殊管辖原则，特殊管辖是指上级人力资源社会保障行政部门根据工作需要，可以调查处理下级人力资源社会保障行政部门管辖的案件，其性质类似于民事诉讼法中的管辖权的转移，实践中不常见。实践中使用较多的是一般管辖原则，它是级别管辖和属地管辖两个原则的结合。从我国实践中看，目前省、设区的市、县（市、区）三级人力资源社会保障行政部门均设有劳动保障监察机构，均有权受理举报投诉。部分省份已就管辖分工进行明确规定，三级机构在实践中本着协调配合原则进行分工。除了级别管辖，举报投诉受理工作更多按照属地管辖原则确定。一般说来，举报投诉受理工作由用人单位用工所在地的县级或者设区的市级劳动保障行政部门管辖。但是目前相关法律法规并未对"用人单位用工所在地"的概念予以清晰的解释和阐述，而实践中又存在大量用人单位注册（登记）地、用人单位主要经营地、劳动者实际工作场所地等均不一致的情形，也就是跨地区劳动用工的情形，这种情况下就出现了管辖争议，针对出现的管辖争议，涉及的人力资源社会保障行政部门可以报请共同的上一级的人力资源社会保障行政部门指定管辖。随着新一轮执法体制改革的发展，多层重复执法的现状将发生改变，中央政府和省、自治区政府执法部门将主要行使市场执法监督指导、协调跨区域执法和重大案件查处职责，原则上不再从事执法活动，而设区的市和区级部门仅保留一个执法队伍。届时，对劳动保障监察举报投诉受理的管辖分工将更为清晰明朗。

法律政策依据

《劳动保障监察条例》第三条　国务院劳动保障行政部门主管全国的劳动保障监察工作。县级以上地方各级人民政府劳动保障行政部门主管本行政区域内的劳动保障监察工作。

《劳动保障监察条例》第十三条第一款　对用人单位的劳动保障监察，由用人单位用工所在地的县级或者设区的市级劳动保障行政部门管辖。

《劳动保障监察条例》第十三条第二款　上级劳动保障行政部门根据工

作需要，可以调查处理下级劳动保障行政部门管辖的案件。

《劳动保障监察条例》第十三条第二款　劳动保障行政部门对劳动保障监察管辖发生争议的，报请共同的上一级劳动保障行政部门指定管辖。

案例选读：如此投诉不合规定

2015年5月，某公司因员工张先生未按公司规章制度要求履行请假手续认定张先生多次旷工，从而对张先生作出开除决定，同时向张先生出具了书面解除劳动合同通知。张先生对公司开除决定不服，后向当地劳动保障监察机构投诉，要求公司撤销开除决定，支付因开除决定对其造成的经济损失以及依法支付工作期间的加班工资。经审查，所在地人力资源和社会保障局对其要求公司支付加班工资的诉求依法进行受理，但对其与用人单位因解除劳动合同发生的争议及损失赔偿要求，书面告知其应当通过劳动争议处理程序处理。张先生拒绝通过劳动争议处理程序处理其与公司之间的劳动争议，又以人力资源和社会保障局未履行法定职责为由向法院提起行政诉讼。经法院查明事实，认为地方人力资源和社会保障局不存在未履行法定职责情形，最终驳回张先生的诉讼请求。

44. 受理举报投诉的途径

为了进一步做好举报、投诉接待受理工作，及时查处用人单位违反劳动保障法律、法规或规章的行为，人力资源社会保障行政部门除了设立专门、醒目的举报投诉接待窗口之外，还应当设立举报、投诉信箱，公开举报、投诉电话。上述均为传统的举报投诉途径。设立举报投诉接待窗口是为了方便举报人和投诉人到访，面对面进行直接举报、投诉或者咨询政策，实践中绝大多数劳动者更倾向于这样零距离地沟通和交流，这部分也是举报投诉受理案件占比较大的部分。设立举报、投诉信箱和电话主要为了方便距离有管辖权的劳动保障监察机构路途较远、不便于到访当面反映问题的举报投诉人，他们可以通过邮寄信函或者拨打电话进行举报投诉，此外，这种无须面对面接触的举报投诉方式还能方便匿名举报的举报人反映问题。目前我国各级劳动保障监察机构均已设立举报、投诉电话，并通过新闻媒体等途径向社会公开。

近年来，随着网络媒体等技术的快速发展，以及为了适应我国网民数量超速增加的现状，相当一部分地区的人力资源社会保障行政部门逐步开通互联网等电子网络途径接受群众举报投诉，极大地方面了举报投诉人，降低了举报投诉人的维权成本。部分地区开设劳动保障监察举报投诉电子邮箱，接受举报人电子邮件形式的举报，部分地区打造专门的网上举报投诉平台，制定网上举报投诉工作流程和制度并对外公布公开，提供可下载的表格。有条件的部分地区为适应智能手机的发展已开始开发举报投诉APP客户端，甚至逐步开始探索网络投诉人身份验证等方式和细节，使投诉操作流程更为简单便捷。

法律政策依据

《劳动保障监察条例》第十四条第三款　劳动保障行政部门或者受委托实施劳动保障监察的组织应当设立举报、投诉信箱和电话。

45. 受理举报的注意事项

人力资源社会保障行政部门接待的群众举报主要通过电话、信函、网络以及举报人到访举报投诉接待窗口当面举报等途径受理。无论是何种方式的举报，劳动保障监察机构均应在以下几个方面加强注意：一是要做好举报登记工作。对举报人的举报内容应当如实记录，有条件的机构应当采用录音电话对每个电话举报进行录音，以便事后查询。根据来访登记表、电话记录单、举报信函或者电子邮件内容，总结摘录用人单位主要违法事实同时进行举报登记，并及时报送领导审批后启动调查处理程序。对提供联系方式的举报人，可以就受理情况及时予以回复。对要求实名举报的举报人,应当详细登记举报人身份信息,当面实名举报的,可以对举报情况进行笔录,并由举报人核对无误后签名。二是要注意为举报人保密。根据举报保密原则,劳动保障监察机构受理实名举报的,应当严格履行为举报人保密义务,不得公开或向被举报单位以及其他有利害关系的组织、个人披露举报人信息,同时要采取有效措施,避免举报人在工作、工资和福利待遇及人身安全等方面受到侵害,对打击、报复举报人的用人单位应当依法进行处理。三是要注意接待态度。窗口接待人员应当保持文明礼貌的态度,使用规范文明的接待用语,接待用语应当简明、通俗、易懂、准确,对情绪激动,拒不听取或接受接待意见的举报人,应当冷静自持,沉着应对,严禁与来访人、来电人争吵以及发生其他言语、肢体冲突。

案例选读:监察员泄露实名举报人信息的应当被追究责任

王先生因对公司节假日安排加班有意见而特意前往地方劳动保障监察机构,对公司长期超时加班及未依法支付加班工资行为进行实名举报并提供相关身份信息,接待监察员因业务不熟练加之粗心大意对王先生举报信息进行投诉登记,结果在案件调查中导致王先生信息泄露,王先生也遭到公司打击报复。后王先生向该人力资源和社会保障局反映此事,经调查,确认接待劳动保障监察员存在工作过失,后该劳动保障监察员向王先生赔礼道歉,人力资源和社会保障局也对其作出记过处分的决定。

46. 如何帮助投诉人撰写投诉书和投诉登记表

根据劳动保障监察投诉程序规则,投诉人投诉应当提供合法的身份证件并递交投诉书。投诉文书应当载明投诉人的真实姓名、性别、年龄、职业、工作单位、住所和联系方式;被投诉用人单位的名称、住所、法定代表人或者主要负责人的姓名、职务；劳动保障合法权益受到侵害的事实和投诉请求事项。根据原劳动和社会保障部在全国规范统一的文书样本，一般各级劳动保障监察机构均有设计统一样式的投诉书格式文本，投诉人只须按照接待人员的指导进行信息填写即可。对书写确有困难的投诉人，可以由其进行口头投诉，负责接待的劳动保障监察员帮助其进行笔录，待投诉书填写完毕后向投诉人逐字逐句诵读，经投诉人确认无误后由其在投诉人签字栏签字认可。

投诉登记表系劳动保障监察机构内部登记文书，由接待劳动保障监察员根据投诉人递交的投诉书内容归纳、摘录和登记并按照内部流程报送领导审批，投诉登记表无需投诉人签字认可。

法律政策依据

《关于实施〈劳动保障监察条例〉若干规定》第十三条 投诉应当由投诉人向劳动保障行政部门递交投诉文书。书写投诉文书确有困难的，可以口头投诉，由劳动保障监察机构进行笔录，并由投诉人签字。

第十四条 投诉文书应当载明下列事项：

（一）投诉人的姓名、性别、年龄、职业、工作单位、住所和联系方式，被投诉用人单位的名称、住所、法定代表人或者主要负责人的姓名、职务；

（二）劳动保障合法权益受到侵害的事实和投诉请求事项。

47. 如何厘清受理对象和受理事项

举报投诉受理对象较为广泛，主要指劳动保障监察可以查处的对象。与劳动保障监察对象重合，举报投诉受理对象的相关法律规定散见于《劳动保障监察条例》及相关实体法律法规中，一般包括企业、个体工商户、民办非企业单位和国家机关、事业单位、社会团体。此外还包括职业介绍机构、职业技能培训机构和职业技能考核鉴定机构、会计师事务所、律师事务所等合伙组织和基金、用人单位分支机构、外国企业常驻代表机构和其他机构与非法用工主体。

举报投诉的受理事项也与劳动保障监察事项相一致，是指人力资源社会保障行政部门执法的内容，主要包括用人单位制定内部劳动保障规章制度情况、用人单位与劳动者订立劳动合同的情况；用人单位遵守禁止使用童工规定的情况；用人单位遵守女职工和未成年工特殊劳动保护规定的情况；用人单位遵守工作时间和休息休假规定的情况；用人单位支付劳动者工资和执行最低工资标准的情况；用人单位参加各项社会保险和缴纳社会保险费的情况；职业介绍机构、职业技能培训机构和职业技能考核鉴定机构遵守国家有关职业介绍、职业技能培训和职业技能考核鉴定的规定的情况；以及法律、法规规定的其他劳动保障监察事项。

法律政策依据

《劳动保障监察条例》第二条　对企业和个体工商户（以下称用人单位）进行劳动保障监察，适用本条例。

对职业介绍机构、职业技能培训机构和职业技能考核鉴定机构进行劳动保障监察，依照本条例执行。

第十一条　劳动保障行政部门对下列事项实施劳动保障监察：

（一）用人单位制定内部劳动保障规章制度的情况；

（二）用人单位与劳动者订立劳动合同的情况；

（三）用人单位遵守禁止使用童工规定的情况；

（四）用人单位遵守女职工和未成年工特殊劳动保护规定的情况；

（五）用人单位遵守工作时间和休息休假规定的情况；

（六）用人单位支付劳动者工资和执行最低工资标准的情况；

（七）用人单位参加各项社会保险和缴纳社会保险费的情况；

（八）职业介绍机构、职业技能培训机构和职业技能考核鉴定机构遵守国家有关职业介绍、职业技能培训和职业技能考核鉴定的规定的情况；

（九）法律、法规规定的其他劳动保障监察事项。

> 第三十四条 国家机关、事业单位、社会团体执行劳动保障法律、法规和规章的情况,由劳动保障行政部门根据其职责,依照本条例实施劳动保障监察。
>
> 《劳动合同法》第二条 中华人民共和国境内的企业、个体经济组织、民办非企业单位等组织(以下称用人单位)与劳动者建立劳动关系,订立、履行、变更、解除或者终止劳动合同,适用本法。
>
> 国家机关、事业单位、社会团体和与其建立劳动关系的劳动者,订立、履行、变更、解除或者终止劳动合同,依照本法执行。
>
> 《劳动合同法实施条例》第三条 依法成立的会计师事务所、律师事务所等合伙组织和基金会,属于劳动合同法规定的用人单位。

48. 符合受理条件如何答复当事人

对符合受理条件的举报投诉,劳动保障监察机构应当及时作出反馈。对当面递交投诉书的投诉人,应当当场告知投诉人劳动保障监察机构将在5个工作日内对其投诉情况进行初步调查,并根据调查情况决定是否受理;对通过信函等方式投诉的投诉人,可以在决定受理之日通过电话、网络短信等方式对受理情况进行告知;对提供了联系方式的举报人,劳动保障监察机构在审查举报线索符合受理条件之后,可以将受理情况及时回复举报人。劳动保障监察机构就受理举报投诉情况答复当事人时,应当及时宣传相关法律法规政策,告知举报、投诉案件查处流程,明确当事人配合调查义务等。

49. 立案的条件和时效

劳动保障监察立案应当同时具备以下两个条件。一是用人单位涉嫌违反劳动保障法律、法规或者规章,存在相关违法行为,包括用人单位涉嫌违反劳动保障法律、法规或者规章行为的时间、地点、方式、动机、侵犯对象及后果等事实。二是需要劳动保障监察机构介入进行调查处理。人力资源社会保障行政部门对初步了解到的用人单位可能存在违反劳动保障法律、法规或者规章的行为的线索和材料，经过分析判断后认为确需进行调查取证的，应当依法作出调查处理决定。

人力资源社会保障行政部门对违反劳动保障法律、法规或者规章的行为立案时，还应当遵守时效的规定。关于劳动保障监察立案时效，《劳动保障监察条例》有两款规定，一是违反劳动保障法律、法规或者规章的行为在2年内未被人力资源社会保障行政部门发现，也未被举报、投诉的，人力资源社会保障行政部门不再查处；二是该期限自违反劳动保障法律、法规或者规章的行为发生之日起计算；违反劳动保障法律、法规或者规章的行为有连续或者继续状态的，自行为终了之日起计算。这两款规定其实均脱胎于《行政处罚法》第二十九条规定内容，即：违法行为在二年内未被发现的，不再给予行政处罚。法律另有规定的除外。前款规定的期限，从违法行为发生之日起计算；违法行为有连续或者继续状态的，从行为终了之日起计算。

也就是说，劳动保障监察的2年时效是人力资源社会保障行政部门对用人单位劳动用工违法行为的追诉时效，意味着在用人单位劳动保障违法行为发生后的2年内，若有管辖权的人力资源社会保障行政部门未发现这一违法行为，该违法行为也未被举报投诉的，即使在2年后发现了用人单位这一违法事实，劳动保障监察也不再立案处理。

一般情况下，一个违法行为在实施的时候就已经完成，但也有部分行为是连续和继续的行为。连续状态是连续实施性质相同的数个行为的状态。继续状态，也称为持续状态，指某一个行为从着手到终止前一直处于持续的状态。比如说一个月接一个月地拖欠工资的行为就是连续状态行为，而扣押劳动者证件、入职时收取押金的行为就是继续状态行为。劳动保障监察立案的时效期限自违反劳动保障法律、法规或者规章的行为发生之日起计算；违反劳动保障法律、法规或者规章的行为有连续或者继续状态的，自行为终了之日起计算。这里所指"违法行为终了之日"，即指违法行为停止之日。

这里有两个注意点，一是劳动保障监察立案时效不同于劳动争议仲裁时效。举报投诉的2年期限，其性质是行政机关对违法行为的追诉时效。而申请劳动争议仲裁的1年时效是一个诉讼时效，期间从当事人知道或者应当知道其权利被侵害之日起计算，可以中断、中止和延长。二是劳动保障监察立案时效不同于人力资源社会保障行政部门对举报投诉人主张实体权利的处理期限。因为举报投诉人主张的劳动保障实体权利涉及的用人单位违法行为可能存在连续或者继续状态，所以人力资源社会保障行政部门处理其关于实体权利的诉求时，不能用从举报投诉之日向前推2年的方式简单确定维护劳动者的实体权利期限。

💡 法律政策依据

《劳动保障监察条例》第二十条 违反劳动保障法律、法规或者规章的行为在2年内未被劳动保障行政部门发现，也未被举报、投诉的，劳动保障行政部门不再查处。

前款规定的期限，自违反劳动保障法律、法规或者规章的行为发生之日起计算；违反劳动保障法律、法规或者规章的行为有连续或者继续状态的，自行为终了之日起计算。

50. 立案的案件来源

立案案件来源主要有三个：一是人力资源社会保障行政部门在开展日常巡视检查、审查用人单位按照要求报送的书面材料以及专项执法检查等主动监察活动中发现的违法行为；二是接受举报投诉获得的违法线索；三是上级机关交办、有关部门移送、下级机关报送的用人单位违反劳动保障法律、法规或者规章行为的材料反映的用人单位违法问题等。对符合劳动保障监察受理范围的内容,人力资源社会保障行政部门均应及时立案查处。

> **法律政策依据**
>
> 《劳动保障监察条例》第十四条 劳动保障监察以日常巡视检查、审查用人单位按照要求报送的书面材料以及接受举报投诉等形式进行。
>
> 劳动保障行政部门认为用人单位有违反劳动保障法律、法规或者规章的行为,需要进行调查处理的,应当及时立案。
>
> 劳动保障行政部门或者受委托实施劳动保障监察的组织应当设立举报、投诉信箱和电话。
>
> 对因违反劳动保障法律、法规或者规章的行为引起的群体性事件,劳动保障行政部门应当根据应急预案,迅速会同有关部门处理。

51. 立案的程序

劳动保障监察机构发现用人单位有违反劳动保障法律、法规或者规章的行为,符合劳动保障监察立案条件的,主办劳动保障监察员应当立即启动立案程序,及时填写立案审批表报送劳动保障监察机构负责人审查批准。劳动保障监察机构负责人批准之日即为该案立案之日,也就是人力资源社会保障行政部门处理违法案件时限的起算日,从此日开始,人力资源社会保障行政部门开始对该违法案件进入调查处理程序。立案不仅是劳动保障监察案件处理的内部工作程序,而且具有明显的法律后果特征。是否立案涉及案件当事人及其他利害关系人的权利是否受到国家公权力的保护,可能产生被行政复议或者行政诉讼的法律后果。

> **法律政策依据**
>
> 《关于实施〈劳动保障监察条例〉若干规定》第十九条 劳动保障行政部门通过日常巡视检查、书面审查、举报等发现用人单位有违反劳动保障法

律的行为，需要进行调查处理的，应当及时立案查处。

立案应当填写立案审批表，报劳动保障监察机构负责人审查批准。劳动保障监察机构负责人批准之日即为立案之日。

案例选读：李先生的投诉是否超过受理时效？

李先生2005年参加工作，直到2010年公司才为他缴纳参加社会保险费，2015年被公司辞退，办理完交接手续的当天，李先生来劳动保障监察机构投诉，要求公司为其补缴2005年至2010年期间的社会保险费。负责接待的劳动保障监察员告诉投诉人，虽然其被公司辞退的行为发生在2年内，但公司未为其缴纳社会保险费的违法行为已于2010年终了，所以其投诉的违法行为已经超过2年举报投诉时效。李先生不听解释，坚持填写并递交了投诉书，后该劳动保障监察机构在收到李先生的投诉书后5个工作日之内向其出具了《劳动保障监察不予受理投诉决定书》。

第三编　实务要领之二：调查与检查

导读

调查与检查是人力资源社会保障行政部门依据法定程序和遵守法定要求，全面、客观、公正地收集与案件事实相关联的一切证据的过程。依照法定程序收集有关证据，正确行使调查、检查权，及时公正地处理违反劳动保障法律、法规或者规章行为。

要用好法律赋予的调查和检查的权力，严格执行监察员进行调查和检查的基本要求与规定。

遵循调查取证的常规程序和主要方式，掌握调查取证的相关要求，制作调查笔录必须慎之又慎。

52. 劳动保障监察调查的概念

劳动保障监察调查，是指劳动保障监察执法人员依程序向案件当事人了解、查证案件情况的活动，对劳动保障违法案件进行调查是劳动监察人员执法活动的主要内容之一。

💡 法律政策依据

《劳动保障监察条例》第十五条 劳动保障行政部门实施劳动保障监察，有权采取下列调查、检查措施：（一）进入用人单位的劳动场所进行检查；（二）就调查、检查事项询问有关人员；（三）要求用人单位提供与调查、检查事项相关的文件资料，并作出解释和说明，必要时可以发出调查询问书；（四）采取记录、录音、录像、照相或者复制等方式收集有关情况和资料；（五）委托会计师事务所对用人单位工资支付、缴纳社会保险费的情况进行审计；（六）法律、法规规定可以由劳动保障行政部门采取的其他调查、检查措施。

劳动保障行政部门对事实清楚、证据确凿、可以当场处理的违反劳动保障法律、法规或者规章的行为有权当场予以纠正。

53. 劳动保障监察检查的概念

劳动保障监察检查是人力资源社会保障行政部门在对行政处罚案件进行调查过程中，对违法行为予以查处以及保全证据采取的一种行政措施，劳动保障行政部门的主要检查措施包括现场检查、证据登记保存等。

法律政策依据

《劳动法》第八十六条 县级以上各级人民政府劳动行政部门监督检查人员执行公务,有权进入用人单位了解执行劳动法律、法规的情况,查阅必要资料,并对劳动场所进行检查。

《劳动合同法》第七十五条 县级以上地方人民政府劳动行政部门实施监督检查时,有权查阅与劳动合同、集体合同有关的材料,有权对劳动场所进行实地检查,用人单位和劳动者都应当如实提供有关情况和材料。

54. 劳动保障监察员进行调查、检查时的基本规定

第一,在进行调查或者检查时,应当由两名以上劳动保障监察员共同进行,以保证劳动保障监察的公正性、合法性。不得少于两人的规定,既是为了使监察员互相配合进行调查或检查,保证调查取证充分、全面,同时也是为了增加制约和监督,避免单人执法的随意性,保证调查、检查行为的公正、客观。

第二,进入用人单位时,应佩戴劳动保障监察执法标志,出示劳动保障监察证件,并说明身份。根据《行政处罚法》及《劳动保障监察条例》等有关规定,劳动保障监察员在对用人单位进行调查、检查时,应当主动出示证件,目的在于:一方面表明监察员具有执法主体资格,享有法定行政执法权,强调劳动保障监察执法的合法性和严肃性;另一方面,佩戴劳动保障监察标志、出示劳动保障监察证件、说明身份,也是保障用人单位享有了解和辨认监察员身份权力所必需的,体现对行政管理相对人的尊重。也是依法行使职权、文明执法的体现。

第三,就调查事项制作笔录,应由劳动保障监察员和被调查人(或其委托代理人)签名或盖章。被调查人拒不签名、盖章的,应注明拒签情况。制作笔录是监察员实施调查、监察最基础的工作。在调查询问中,记录人在记

录调查询问笔录时，应忠实被询问人意愿，不能随意加入自己的理解和看法，也不能随意删减和变更。调查询问笔录中被询问人回答的内容记录有修改的，应由被询问人逐处签名、捺指印或者盖章确认。被询问人拒绝签名确认的，应由2名监察员在调查询问笔录中注明并签名。

第四，劳动保障监察员办理劳动保障监察调查和检查事项与本人或者其近亲属有直接利害关系的，应当遵守回避制度。

法律政策依据

《行政处罚法》第三十七条　行政机关在调查或者进行检查时，执法人员不得少于两人，并应当向当事人或者有关人员出示证件。当事人或者有关人员应当如实回答询问，并协助调查或者检查，不得阻挠。询问或者检查应当制作笔录。

行政机关在收集证据时，可以采取抽样取证的方法；在证据可能灭失或者以后难以取得的情况下，经行政机关负责人批准，可以先行登记保存，并应当在7日内及时作出处理决定，在此期间，当事人或者有关人员不得销毁或者转移证据。

执法人员与当事人有直接利害关系的，应当回避。

《劳动保障监察条例》第十六条　劳动保障监察员进行调查、检查，不得少于2人，并应当佩戴劳动保障监察标志、出示劳动保障监察证件。

劳动保障监察员办理劳动保障监察事项与本人或者近亲属有直接利害关系的，应当回避。

《关于实施〈劳动保障监察条例〉若干规定》第二十一条　劳动保障监察员对用人单位遵守劳动保障法律情况进行监察时，应当遵循以下规定：（一）进入用人单位时，应佩戴劳动保障监察执法标志，出示劳动保障监察证件，并说明身份；（二）就调查事项制作笔录，应由劳动保障监察员和被调查人（或其委托代理人）签名或盖章。被调查人拒不签名、盖章的，应注明拒签情况。

55.劳动保障监察员进行调查、检查时需要承担哪些义务

（1）依法履行职责，秉公执法；（2）保守在履行职责过程中获知的商业秘密；（3）为举报人保密；（4）法律、法规规定的其他义务。

法律政策依据

《关于实施〈劳动保障监察条例〉若干规定》第二十二条　劳动保障监察员进行调查、检查时，承担下列义务：（一）依法履行职责，秉公执法；（二）保守在履行职责过程中获知的商业秘密；（三）为举报人保密。

56.劳动保障监察员进行调查时应当回避的情形

（1）劳动保障监察员是用人单位法定代表人或主要负责人的近亲属，用人单位是劳动保障监察的对象。劳动保障监察员作为实施劳动保障监察任务的执行者，其与检查对象的责任人除正常工作关系之外是有其他相关性，自然成为可能左右案件处理程序和行政决定结论的因素。将近亲属关系列为回避情形之一，是因为近亲属关系不仅代表婚姻家庭和血缘纽带，还意味着情感的彼此交融和经济责任的共享共担。近亲属关系的存在，可能影响劳动保障监察员在办案时的执法公正性。对近亲属的具体范围，劳动保障法律、法规和规章没有专门规定。实践中，参照最高人民法院《关于贯彻执行〈民法通则〉若干问题的意见》第十二条的规定，将近亲属范围界定为配偶、父母、子女、兄弟姐妹、祖父母、外祖父母、孙子女、外孙子女，是比较合理可行的。

（2）劳动保障监察员或其近亲属与承办的案件事项有直接利害关系。直接利害关系，指劳动保障监察案件的处理结果直接影响到负责处理该案件的劳动保障监察员的财产收益、名誉地位、亲情友情等。作为一个社会人，劳动保障监察员也处于各种利害关系之中。劳动保障监察员在行使监察职权时，

有可能从利害关系人的要求或自身利益得失的角度,调查取证和分析案情,也有可能采取不适当的案件处理方式和手段。因此,利害关系构成了法律上劳动保障监察回避的另一个事由。当然"利害关系"的含义并不明确,劳动保障法律、法规和规章未详细列举利害关系的具体表现形式,在实践中要注意针对具体案件的情况加以分析把握。

(3)存在可能影响案件公正处理的其他原因。劳动保障监察员在上述两种情形之外还可能存在与所办案件或涉案当事人的某种关系,诸如曾经的上下级关系或同事关系,以及师生关系、同学关系等。这些社会关系确有可能影响劳动保障监察秉公办案的,劳动保障监察员本人应当主动回避。相比于"利害关系"而言,"其他关系"的内涵更加复杂。因此,当行政相对人以"其他关系"为由申请劳动保障监察员回避时,人力资源社会保障行政部门或劳动保障监察机构应分析考量其是否"可能影响对案件公正审理"。

💡 法律政策依据

《行政处罚法》第三十七条第三款 执法人员与当事人有直接利害关系的,应当回避。

《关于实施〈劳动保障监察条例〉若干规定》第二十二条 劳动保障监察员在实施劳动保障监察时,有下列情形之一的,应当回避:

(一)本人是用人单位法定代表人或主要负责人的近亲属的;

(二)本人或其近亲属与承办查处的案件事项有直接利害关系的;

(三)因其他原因可能影响案件公正处理的。

57.劳动保障监察员实行回避的程序

自行回避的程序

自行回避的程序是由劳动保障监察员先向人力资源社会保障行政部门或劳动保障监察机构负责人提出回避请求,负责人再对该请求依法进行审查,最后作出是否准许的决定。具体要求如下：

（1）请求。劳动保障监察员在行政决定作出之前的任何时候，如认为自己存在法定的回避情形，即可提出回避请求。请求虽无形式限制，但应当说明情况和理由。

（2）审查。人力资源社会保障行政部门或劳动保障监察机构负责人在收到回避请求后，给予审查。对案件承办人员的回避，由劳动保障监察机构负责人行使；对劳动保障监察机构负责人的回避，由人力资源社会保障行政部门负责人行使审查权。

（3）决定。回避请求经审查后，人力资源行政部门或劳动保障监察机构负责人认为回避理由成立的，应当指定其他人员处理该案件或停止回避请求人对案件的调查处理。如果人力资源社会保障行政部门或劳动保障监察机构负责人认为回避理由不成立的，则回避申请人应服从任务安排或继续调查处理案件。

申请回避的程序

申请回避的程序是相对人认为案件处理案件的劳动保障监察员符合法定的回避情形，在劳动保障监察行政程序结束前依法向人力资源社会保障行政部门或劳动保障监察机构负责人对此申请进行审查，最后作出是否准许的决定。具体步骤和要求如下：

（1）申请。相对人在劳动保障监察行政程序过程中，如发现负责人案件处理的劳动保障监察有法定回避的情形时，可以向人力资源社会保障行政部门或劳动保障监察机构负责人提出回避申请，要求该劳动保障监察员回避。回避申请应当以书面形式提出。在相对人在书写确有困难的情况下，允许以口头形式提出申请，由监察员制作笔录，交当事人签字确认。

（2）审查。人力资源社会保障行政部门或劳动保障监察机构负责人接到相对人回避申请后，应当尽快给予审查。审查期限一般不超过3个工作日。

（3）决定。回避请求经审查后，人力资源社会保障行政部门或劳动保障监察机构负责人认为回避申请理由成立的，应当在3个工作日内作出决定，要求被申请回避人停止对案件的调查处理；回避申请理由不成立的，应当在3个工作日内作出驳回回避申请，被申请回避人不得停止对案件的调查。

> **法律政策依据**
>
> 《关于实施〈劳动保障监察条例〉若干规定》第二十四条　当事人认为劳动保障监察员符合本规定第二十三条规定应当回避的，有权向劳动保障行政部门申请，要求其回避。当事人申请劳动保障监察员回避，应当采用书面形式。
>
> 《关于实施〈劳动保障监察条例〉若干规定》第二十五条　回避决定应在收到申请之日起3个工作日内作出。作出回避决定前，承办人员不得停止对案件的调查处理。对回避申请的决定，应当告知申请人。承办人员的回避，由劳动保障监察机构负责人决定；劳动保障监察机构负责人的回避，由劳动保障行政部门负责人决定。

58. 劳动保障监察进行调查、检查有权采取哪些措施

进入用人单位的劳动场所进行检查；就调查、检查事项询问有关人员；要求用人单位提供与调查、检查事项相关的文件资料，必要时可以发出调查询问书；采取记录、录音、录像、照相和复制等方式收集有关的情况和资料；对事实确凿、可以当场处理的违反劳动保障法律、法规或规章的行为当场予以纠正；可以委托注册会计师事务所对用人单位工资支付、缴纳社会保险费的情况进行审计；法律、法规规定可以由劳动保障行政部门采取的其他调查、检查措施。

> **法律政策依据**
>
> 《关于实施〈劳动保障监察条例〉若干规定》第二十六条　劳动保障行

政部门实施劳动保障监察，有权采取下列措施：

（一）进入用人单位的劳动场所进行检查；（二）就调查、检查事项询问有关人员；（三）要求用人单位提供与调查、检查事项相关的文件资料，必要时可以发出调查询问书；（四）采取记录、录音、录像、照相和复制等方式收集有关的情况和资料；（五）对事实确凿、可以当场处理的违反劳动保障法律、法规或规章的行为当场予以纠正；（六）可以委托注册会计师事务所对用人单位工资支付、缴纳社会保险费的情况进行审计；（七）法律、法规规定可以由劳动保障行政部门采取的其他调查、检查措施。

59. 劳动保障监察进行调查、检查时，可以采取证据登记保存措施的情形

当事人可能对证据采取伪造、变造、毁灭行为的；当事人采取措施不当可能导致证据灭失的；不采取证据登记保存措施以后难以取得的；其他可能导致证据灭失的情形的。

💡 法律政策依据

《行政处罚法》第三十七条第二款　行政机关收集证据时，在证据可能灭失或者以后难以取得的情况下，经行政机关负责人批准，可以先行登记保存，并应当在七日内及时作出处理决定，在此期间，当事人或者有关人员不得销毁或者转移证据。

《关于实施〈劳动保障监察条例〉若干规定》第二十七条　劳动保障行政部门调查、检查时，有下列情形之一的可以采取证据登记保存措施：（一）当事人可能对证据采取伪造、变造、毁灭行为的；（二）当事人采取措施不当可能导致证据灭失的；（三）不采取证据登记保存措施以后难以取得的；（四）其他可能导致证据灭失的情形的。

60. 采取证据登记保存措施的程序要求

（1）劳动保障监察机构根据《关于实施〈劳动保障监察条例〉若干规定》第二十七条的规定，提出证据登记保存申请，报劳动保障行政部门负责人批准；

（2）劳动保障监察员将证据登记保存通知书及证据登记清单交付当事人，由当事人签收。当事人拒不签名或者盖章的，由劳动保障监察员注明情况；

（3）采取证据登记保存措施后，劳动保障行政部门应当在7日内及时作出处理决定，期限届满后应当解除证据登记保存措施。

💡 法律政策依据

《行政处罚法》第三十七条第二款　行政机关收集证据时，在证据可能灭失或者以后难以取得的情况下，经行政机关负责人批准，可以先行登记保存，并应当在七日内及时作出处理决定，在此期间，当事人或者有关人员不得销毁或者转移证据。

《关于实施〈劳动保障监察条例〉若干规定》第二十八条　采取证据登记保存措施应当按照下列程序进行：

（一）劳动保障监察机构根据本规定第二十七条的规定，提出证据登记保存申请，报劳动保障行政部门负责人批准；

（二）劳动保障监察员将证据登记保存通知书及证据登记清单交付当事人，由当事人签收。当事人拒不签名或者盖章的，由劳动保障监察员注明情况；

（三）采取证据登记保存措施后，劳动保障行政部门应当在7日内及时作出处理决定，期限届满后应当解除证据登记保存措施。

在证据登记保存期内，当事人或者有关人员不得销毁或者转移证据；劳动保障监察机构及劳动保障监察员可以随时调取证据。

61. 劳动保障监察进行调查的期限规定

劳动保障监察案件的调查和检查应遵守一定期限的规定。《劳动保障监察条例》第十七条对违法案件的调查期限作出了规定，其目的在于督促人力资源社会保障行政部门及其承办人员及时调查取证，提高办案效率，避免劳动保障监察员的主观拖延，也能够使劳动保障监察员有充足的时间开展案件调查工作；同时，规定一定的调查期限，也能够使劳动保障监察员有充足的时间开展案件调查工作，避免因调查不充分，取证不完全等造成案件事实不清，影响公正处理。基于保证行政执法效率与行政执法公正的考虑，结合当前人力资源社会保障行政部门在查办案件中的工作经验，《劳动保障监察条例》规定劳动保障监察案件自立案之日起60个工作日内完成调查。这里应当注意的是"60个工作日"而非"60日"，工作日是指扣除休息日和法定节假日的工作时间。

对于一些情况复杂案件的调查，《劳动保障监察条例》也作了延长调查期限的规定。在实际工作中，一些当事人欠薪逃匿案件、需要异地调查案件、非法用工案件、违法行为时间跨度较长案件及其他情节特别复杂案件，劳动保障监察员需要进行大量细致深入的调查取证工作，在60个工作日内不能调查完结的，《劳动保障监察条例》规定了30个工作日的延长期，以保证有效充足的调查时间。对劳动保障违法案件需要延期调查的，必须按规定程序报请人力资源社会保障行政部门负责人批准；对有投诉人的劳动保障违法案件的延期调查，还需要及时告知投诉人，作出说明。

法律政策依据

《劳动保障监察条例》第十七条 劳动保障行政部门对违反劳动保障法律、法规或者规章的行为的调查，应当自立案之日起60个工作日内完成；对情况复杂的，经劳动保障行政部门负责人批准，可以延长30个工作日。

《关于实施〈劳动保障监察条例〉若干规定》第三十条 劳动保障行政

部门对违反劳动保障法律的行为的调查，应当自立案之日起 60 个工作日内完成；情况复杂的，经劳动保障行政部门负责人批准，可以延长 30 个工作日。

62. 什么是劳动保障监察证据

劳动保障监察证据，是指人力资源社会保障行政部门依法收集并审查、核实能够证明劳动保障违法案件真实情况的材料。人力资源社会保障行政部门案件调查和检查的主要任务是全面、客观、公正地收集与案件相关联的一切证据。根据行政诉讼法及其他相关法律规定，在对劳动保障违法行为进行查处的过程中可以作为证据形式的主要有：（1）书证；（2）物证；（3）视听资料；（4）证人证言；（5）当事人陈述；（6）鉴定结论；（7）勘验笔录和现场笔录。

法律政策依据

《行政诉讼法》第三十三条　证据包括：（一）书证；（二）物证；（三）视听资料；（四）电子数据；（五）证人证言；（六）当事人陈述；（七）鉴定结论；（八）勘验笔录、现场笔录。

63. 劳动保障监察证据的特征

一是关联性。关联性是指劳动保障监察证据必须同案件事实存在内在联系，并因此对证明案件具有实际意义。劳动保障监察机构应当全面收集与案件事实相关联的证据。案件事实应包括实体性事实和程序性事实。实体性事实是指与被调查的用人单位是否存在劳动保障违法行为有关的事实；程序性事实是指与案件调查取证及处理程序相关的事实，如当事人主体资格、时效等。同时证据既要收集证明用人单位可能存在违法行为的证据，也要收集证明用人单位可能不违法的证据，做到全面、客观、多角度收集与案件事实相关联的证据。

二是客观性。客观性是指劳动保障监察证据事实必须是伴随着案件的发生、发展的过程而遗留下来的，不以人们的主观意志为转移而存在的事实。客观性是证据最基本的因素和特征。我国三大诉讼法都规定，证据必须经查证属实，才能作为认定事实的根据。证据的客观性包含形式与内容两个方面，在形式上证据是不以人的意志为转移的客观存在物，在内容上证据所反映也要符合事实真相。

三是合法性。合法性也叫法定性，是指用以证明案件真实情况的劳动保障监察证据必须在收集和运用上符合法律规定的程序和要求。一是收集和运用证据的主体要合法；二是证据本身的形式必须符合法律规定；三是收集证据的程序要合法；四是证据必须经法定程序查证属实。

法律政策依据

《行政处罚法》第三十六条　除本法第三十三条规定的可以当场作出的行政处罚外，行政机关发现公民、法人或者其他组织有依法应当给予行政处罚的行为的，必须全面、客观、公正地调查，收集有关证据；必要时，依照法律、法规的规定，可以进行检查。

64. 证据认定的基本原则

要实施对违反劳动保障法律、法规和规章行为的公正处理，就必须以事实为依据，以法律为准绳。而违法事实的认定是通过劳动保障行政部门对各种证据进行认定。当这种证据认定在法律上被认为是可以接受时，就可以作为法律上的真实而成为法律适用前提。根据行政诉讼法有关行政诉讼证据的规定，劳动保障监察证据认定应遵循以下基本原则。

下列证据材料不得作为定案的依据：（1）以违反法律禁止性规定或者侵犯他人合法权益的方法取得的；（2）严重违反法定程序收集的；（3）以偷拍、

偷录、窃听等手段获取，侵害他人合法权益的；（4）以利诱、欺诈、胁迫、暴力等不正当手段获取的；（5）被对方当事人或者他人进行技术处理而无法辨明真假的；（6）不能正确表达意志的证人提供的；（7）不具备合法性、真实性和相关性要求的其他材料。

下列证据不能单独作为定案的依据：（1）未成年人所做的与其年龄和智力不相适应的证言；（2）与一方当事人有亲属关系或者与一方当事人有不利关系的证人所做的对该当事人不利的证词；（3）难以识别是否经过修改的视听资料；（4）无法与原件、原物核对的复印件、复制品；（5）经一方当事人或者他人改动、对方当事人不予认可的证据材料；（6）其他不能单独作为定案依据的证据材料。

证明同一事实的数个证据，其证据的效力一般应按照下列原则分别认定：（1）国家机关以及其他职能部门依职权制作公文文书优于其他书证；（2）鉴定结论、现场笔录、勘验笔录、档案材料以及经过公证或者登记的书证优于其他书证、视听材料和证人证言；（3）原件、原物优于复制件、复制品；（4）法定鉴定部门的鉴定结论优于其他鉴定部门的鉴定结论；（5）原始证据优于传来证据；（6）其他当事人证言优于与当事人有亲属关系或者其他密切关系的证人提供的对当事人有力的证言；（7）数个种类不同、内容一致的证据优于一个孤立的证据。

65. 调查取证的主要方式

（1）进入用人单位和劳动场所进行检查。劳动保障监察员可随时进入用人单位和劳动场所，对用人单位遵守劳动保障法律、法规情况进行检查，用人单位及任何个人不得阻挠拒绝。通过对劳动场所的巡视及与劳动者的交谈，可以了解用人单位遵守劳动保障法律、法规和规章的情况，发现违法情况可以及时采取措施。

（2）就调查、检查事项询问有关人员。劳动保障监察员有权向有关人员询问用人单位劳动合同签订情况、工资支付情况、工作时间规定情况、参加社会保险及缴纳情况等遵守劳动保障法律法规的情况。被询问的有关人员应当如实回答询问，并协助检查。劳动保障监察员在询问有关人员时应当制作笔录。

（3）要求用人单位提供与调查、检查事项相关的文件资料，并作出解释和说明，必要时可以发出调查询问书。人力资源社会保障行政部门在实施监察时，特别是对用人单位的违法案件进行调查、检查时，在初步掌握一定情况的基础上，为进一步查清事实，有权要求用人单位提供相关的文件材料。如用人单位员工名册、劳动合同台账、员工考勤记录、工资发放表、社会保险登记和缴费凭证等。用人单位必须履行这项法定义务，按要求提供材料，并在限定的期限内就有关问题作出解释和说明，不得拒绝和拖延，有些事项由于被调查、检查的用人单位主要负责人或有关人员不能及时作出解释或提供材料，人力资源社会保障行政部门可以按规定向用人单位发出劳动保障调查询问书，要求用人单位收到调查询问书之日起的一定期限内，携带规定的有关材料，到人力资源社会保障行政部门劳动保障监察机构接受调查。调查询问书由用人单位相关人员签收，并要充分考虑用人单位的回复准备时间。

（4）采取记录、录音、录像、照相和复制等方式收集有关情况和资料。人力资源社会保障行政部门在实施劳动保障监察时，针对需要了解的事项，有权采取记录、录音的方式收集有关人员的情况，查阅、记录、拍照、复制被检查用人单位的员工名册、考勤记录、工资发放表、财务报表等有关资料，采取照相、录像的方式记录用人单位的劳动场所，特别是违反劳动保障法律、法规或者规章的现场。上述情况和资料应通过合法途径取得，有关记录、资料应当由当事人确认签章。通过采取上述措施，形成对调查事实的确凿证据，从而确认单位是否存在违反劳动保障法律、法规或者规章的行为。

（5）委托注册会计师事务所对用人单位工资支付、缴纳社会保险费的情况进行审计。人力资源社会保障行政部门在实施劳动保障监察，检查用人单位工资支付、缴纳社会保险费情况时，由于涉及财会方面的专业知识和技能，可以根据规定委托注册会计师事务所对用人单位的工资支付、缴纳社会保障费情况进行审计。按照注册会计师的有关法律、法规规定，注册会计师依法执行审计业务出具的报告，具有证明效力。人力资源社会保障行政部门委托注册会计师事务所对用人单位工资支付、缴纳社会保险费的情况进行审计，应当与会计师事务所签订书面委托合同，明确委托权限和事项以及违反合同的责任等具体内容。受委托的会计师事务所依法进行审计后作出的报告应当作为用人单位在工资支付、缴纳社会保险费方面是否违法的证据。

（6）法律、法规规定可以由人力资源社会保障行政部门采取的其他调查、检查措施。除上述调查、检查措施外，人力资源社会保障行政部门实施劳动保障监察可以依据法律、法规规定采取其他调查、检查方式。如根据《行政处罚法》第三十七条的规定："行政机关在收集证据时，可以采取抽样取证的方法；在证据可能灭失或者以后难以取得的情况下经行政机关负责人批准，可以先行登记保存，并应当在7日内及时作出处理决定，在此期间，当事人或者有关人员不得销毁或者转移证据。"

法律政策依据

《劳动保障监察条例》第十五条　劳动保障行政部门实施劳动保障监察，有权采取下列调查、检查措施：（一）进入用人单位的劳动场所进行检查；（二）就调查、检查事项询问有关人员；（三）要求用人单位提供与调查、检查事项相关的文件资料，并作出解释和说明，必要时可以发出调查询问书；（四）采取记录、录音、录像、照相或者复制等方式收集有关情况和资料；（五）委托会计师事务所对用人单位工资支付、缴纳社会保险费的情况进行审计；（六）法律、法规规定可以由劳动保障行政部门采取的其他调查、检查措施。

劳动保障行政部门对事实清楚、证据确凿、可以当场处理的违反劳动保障法律、法规或者规章的行为有权当场予以纠正。

案例选读：运用科技手段调查取证，识破单位作假伎俩

劳动保障监察机构接到劳动者匿名举报，反映某服装厂工作时间长。

监察员根据举报要求单位提供考勤记录、工资支付凭证等相关资料。监察员对单位提供的考勤记录和工资表进行了初步审查，从资料看，该单位上班时间每天都是8小时，每周工作六天，分两个班次进行倒班，不存在严重超时加班的问题。但从以往经验看该单位属于典型劳动密集型企业，这样的工作时间安排不符合行业惯例。单位提供的各工作小组的考勤似乎出于一个人之手，有的地方还出现连笔，并没有留下应有的每天考勤的痕迹。监察员要求单位提供原始考勤记录，单位负责人声称原始记录早就找不到了，单位拒绝进行配合。

第二天，监察员携带摄像设备在单位门口进行蹲守，发现该服装厂实际实行每天12小时工作制。单位负责人在事实面前只得承认之前提供的考勤记录是为了应付检查。

最终，该单位提供了真实的考勤记录。监察员通过审核材料，查实单位确实存在违法延长劳动者工作时间，不按规定支付员工加班工资的行为，并依法予以处理。

66. 调查取证的常规程序要求

第一，劳动保障监察员进行调查或检查时，应当由两名以上监察员共同进行，以保证监察执法的公正性、合法性。

第二，佩戴劳动保障监察标志、出示劳动保障监察证件。向用人单位说明身份，这是对劳动保障监察员在执行公务中说明身份的要求。

第三，对调查、检查事项制作笔录，并由劳动保障监察员和被调查人签名或盖章。制作调查笔录是劳动保障监察员实施调查、监察的基础工作。

 **法律政策依据**

《行政处罚法》第三十七条第一款 行政机关在调查或者进行检查时，执法人员不得少于两人，并应当向当事人或者有关人员出示证件。当事人或者有关人员应当如实回答询问，并协助调查挥着检查，不得阻挠。询问或者检查应当制作笔录。

《关于实施〈劳动保障监察条例〉若干规定》第二十一条 劳动保障监察员对用人单位遵守劳动保障法律情况进行监察时，应当遵循以下规定：（一）进入用人单位时，应佩戴劳动保障监察执法标志，出示劳动保障监察证件，并说明身份；（二）就调查事项制作笔录，应由劳动保障监察员和被调查人（或其委托代理人）签名或盖章。被调查人拒不签名、盖章的，应注明拒签情况。

案例选读：运用法律赋予的调查、检查措施查明案件事实

劳动保障监察机构接到劳动者匿名举报，反映某货运公司在2014年11月、12月期间大部分劳动者每月工作时间长达300多个小时。

监察员根据举报要求单位提供考勤记录、工资支付凭证等相关资料。从单位提供的材料来看，货运公司共有120人，执行标准工时，每周工作5天，未发现超时加班的情况。为进一步了解实际情况，监察员来到工作现场，对公司工作人员进行调查询问。从被调查者那里监察员发现本案尚有隐情。监察员查阅了单位的现金日记账和财务凭证，发现该单位每月中旬会有18万元左右的费用支付给某劳务派遣公司，通过调阅财务账册中有关各类费用的凭证，发现涉及劳动者近80人。劳动监察人员立即召开劳务派遣人员座谈会，从劳务人员那里证实2014年下半年他们经常加班，尤其在第四季度，大部分人员一天工作12小时。

监察员掌握事实后，货运公司负责人拿出了劳务派遣人员的考勤，从考勤上看该单位使用78名劳务派遣人员，2014年11月、12月每月工作时间长达300小时左右，这与举报人反映的情况基本吻合。

至此，劳动保障监察机构认定货运公司作为实际用人单位是实施违法延长劳动者工作时间的主体，其行为违法了劳动法律法规规定。劳动保障行政部门依法对货运公司予以警告，责令其制定整改措施，合理安排工作时间，确保劳动者休息权利，并按照受侵害劳动者人数处以罚款。

67. 调查取证的注意事项

（1）收集物证、书证，应尽量收取原物、原件。不能收取原物、原件的，也可拍照、复制，但须注明保存单位和出处，书证还须由原件的保存单位或个人签字、盖章（捺手印）。

（2）收集证言，要首先亮明自己的身份，出示有关证件（工作证、介绍信等），应对证人提出要求，讲明责任。证言材料要一人一证，不能一份证言多人签名。证人证言可由证人书写，也可由调查人员做笔录，经本人过目后签字认可。所有证言材料都应注明证人身份、出证时间，并由证人签字、盖章或押印。证人要求对原证（原来出过的证据）做出部分或全部更改时，应重新出证并注明更改原因，但不退原证。与证人谈话，调查人员不得少于2人。

（3）依法取证，一般情形下，合法收集证据应当具备四个基本条件：①案件已经被批准立案调查；对于核查案件线索而在立案前取得的基本证据例外。②办案调查人员不得少于两人，而且是有执法资格的人；③收集证据的人员必须是被指定的办案人员，其他人员和单位获取的材料必须经办案人员核实后才能作为证据；④调查取证时，办案人员应当出示执法身份证件。

（4）及时取证，违法行为千变万化，证据有时难以固定，当事人出于对自身非法利益的保护而串供、隐瞒、销毁、伪造证据或者指使他人作伪证的现象屡见不鲜，所以及时取证显得尤为重要。

（5）全面取证，全面包括两层意义，一是对当事人的违法事实相关的情况需要全面调查取证，包括能够证明当事人有无从重、减轻、从轻、免除处罚情节的证据，甚至是证明当事人没有违法行为的证据。二是对能够证明当事人有或者无违法行为的证据需要全面收集，而不能单凭笔录结案。应尽量全面收集现场检查笔录、物证、书证、证人证言、鉴定结论等其他证据。

68. 什么是书证

书证是指能够根据其表达的思想和记录的内容查明案件真实情况的一切物品。包括用文字记载的内容来证明案件的书证，以符号表达的思想来证明案情的书证，以及用数字、图画、印章或其他表露内容或意图证明案情的书证。如用人单位工资表、考勤记录等。书证形式要求应调取原件或与原件核对无误的复印件、照片、节录本，应当注明出处并经核对无误后加盖印章，报表、图纸、账册、科技文献应有说明材料。

69. 什么是物证

物证是指据以查明案件真实情况的一切物品和痕迹。这些物品和痕迹包括涉案的工具，行为所侵害的客体物品，行为过程中所遗留的痕迹与物品，以及其他能够揭露和证明案件发生的物品和痕迹等。如用于证明存在暴力抗法行为的工具等。物证形式上要求调取原物，确有困难的可以调取与原物核对无误的复印或该物证的照片。

70. 作为证据形式的视听资料要求

视听资料是指采取现代化技术手段，将可用于重现案件原始声响、形象的录音、录像资料和储存于电子计算机的有关资料及其他科技设备提供的信息，用来证明案件真实情况的资料。这是一种更接近于案件的真实情况的证据。电子证据和视听资料形式要求应调取原始载体或复制件，注明制作方式、制作时间、证明对象、制作人等，声音资料应附有该声音内容的文字记录。

71. 作为证据形式的证人证言要求

证人证言，是指知道案件真实情况的人，向监察员所做的关于案件部分或全部事实的陈述。证人证言形式要求应写明证人的姓名、年龄、性别、职业、住址等基本情况；应有证人的签名，不能签名的，应当以盖章等方式证明；注明出具时间，附有居民身份证复印件等证明证人身份的材料。

72. 作为证据形式的当事人陈述要求

当事人的陈述，是指当事人就案件的事实情况向执法机关所做的说明和对案件事实上的承认。询问、陈述、谈话类笔录形式要求应由执法人员、被询问人、陈述人、谈话人签名或盖章。

73. 作为证据形式的鉴定结论要求

鉴定结论是指鉴定人根据执法机关的委托或者聘请，运用自己的专门知识和技能对案件中需要解决的专门性的问题进行鉴定后做出的结论性的判断。如查处冒领工资案件中对笔记的鉴定，查处童工案件中对其身份证真伪所做的鉴定。鉴定结论形式要求应当载明委托人和委托鉴定的事项、向鉴定部门提交相关材料、鉴定的依据和使用的科学技术手段、鉴定部门和鉴定人鉴定资格的说明，并应有鉴定人的签名和鉴定部门的盖章。

案例选读：通过鉴定结论推翻伪证

2014年6月，王某到劳动监察机构投诉，反映某外贸公司拖欠其2014年1月1日至2014年2月4日的工资。

劳动监察机构对该外贸公司的法定代表人进行了调查询问。通过了解得知王某2014年2月4日家里有急事，提出辞职，并要求单位立即支付工资。公司考虑情况特殊，于2月5日已支付其工资2 000元，王某拿钱后留下收条。

监察员对王某进行了询问，让王某回忆当时的情况，是否已签字领取了2 000元工资。王某称：之前去公司讨要工资时，他们向我出示那张工资签收的收条，并签有我的名字，但那不是我自己签的字。王某和外贸公司就收条上的签名各执一词。为查明事实，确定单位提供证据材料的真实性，人力资源社会保障行政部门依法委托司法鉴定中心就收条中王某的签名进行笔迹鉴定。经鉴定中心鉴定，公司提供的收条的签名同王某提供给鉴定中心的签名不是同一个人书写。司法鉴定中心向劳动保障行政部门出具了司法鉴定书。

人力资源社会保障行政部门依据司法鉴定书，查清了结果，责令外贸公司立即支付拖欠王某的工资。

74. 作为证据形式的现场笔录和勘验笔录要求

现场笔录是监察员在执行职务过程中当场进行调查、处理、处罚而制作的文字记录材料。勘验笔录与现场笔录近似，只是制作主体、时间略有区别。勘验笔录与现场笔录形式要求应当载明时间、地点和事件等内容，并由监察员和当事人签名。当事人拒绝签名或者不能签名的，应当注明原因。有其他人在现场的，可由其他人签名。

第四编　实务要领之三：处理方式

导读

案件处理是劳动保障监察执法的重要阶段，事关劳资双方权益，是在调查证据的基础上，依法作出的事实判断和处理结果。

目前我国劳动保障监察案件处理主要有四种方式：撤销立案、责令改正或行政处理、行政处罚和移送其他部门。不同处理方式，各有不同的适用情形，必须严格界定。

认定事实要清楚，证据收集要确凿，并形成证据链。

法律适用要正确，实体部分要合法，程序部分同样要合法。

严格规范监察员的自由裁量权，裁量标准要科学设定、细化、量化、透明，一视同仁，让权力在阳光下运行。

75. 劳动保障监察案件处理的基本原则

（1）法定原则。法定原则是劳动保障监察的首要原则，是指对什么样的行为给予什么样的行政处理或行政处罚，必须由法律明文规定。法定原则的具体要求是执法主体、适用法律和执法程序都必须符合法律规定。对公民、法人或者其他组织进行行政处罚，如果没有明确的法定依据或者擅自改变法定行政处罚的种类、幅度的，则此行政处罚决定无效，当事人有权不予接受。

（2）公正公开原则。公开原则要求人力资源社会保障行政部门行政处理和行政处罚的全过程要公开。如行政处理或行政处罚的依据、行政处理或处罚的行为与过程要公开；在实施中，要给予当事人了解其违法行为及陈述、申辩的权利；应当举行听证会的，要及时举行；要告知当事人处罚的原因和依据等，要保障行政相对人的知情权。

（3）高效便民原则。高效原则是指人力资源社会保障行政部门要提高行政效率，积极履行法定职责，遵守法定的时间限度要求，不得超过法定时限或无故延迟。便民原则是指案件处理过程中要尽量不增加公民、法人和其他组织的负担，不影响到他们的正常生活、生产经营活动。

（4）处罚与教育相结合原则。处罚与教育相结合原则是指人力资源社会保障行政部门实施行政处理或处罚，纠正违法行为时，应当坚持处罚与教育相结合，教育公民、法人和其他组织自觉守法，不是为处罚而处罚，也不得以处罚代管理、以罚代教，更不得为个人和小团体以处罚谋取私利。

（5）处罚相当原则。处罚相当原则是指人力资源社会保障行政部门实施行政处理或处罚应当与违法行为的事实、性质、情节以及社会危害程度相适应，使之能够威慑和有效制止违法行为。人力资源社会保障行政部门要正确行使自由裁量权，根据违法行为的情节轻重来确定实施行政处理或行政处罚。

（6）保障当事人权利原则。在劳动保障监察中，对需要实施行政处罚的违法行为，必须按照相关法律法规的规定，保障当事人的合法权利。如向行政机关陈述事实、理由和证据，提出自己的主张进行质证和辩解，提起行政复议和行政诉讼以及要求行政赔偿的权利等，要做到以理服人和以法服人。

（7）接受社会监督原则。接受社会监督是依法行政的必然要求。法治社会中，行政权力的行使必须受到监督，劳动保障监察权属于行政权力，也必然要接受社会监督。劳动保障监察案件处理接受社会监督，有利于纠正和防止违法的具体行政行为，规范劳动保障监察行为。

法律政策依据

《劳动保障监察条例》第八条　劳动保障监察遵循公正、公开、高效、便民的原则。实施劳动保障监察，坚持教育与处罚相结合，接受社会监督。

《关于实施〈劳动保障监察条例〉若干规定》第三条　劳动保障监察遵循公正、公开、高效、便民的原则。实施劳动保障行政处罚坚持以事实为依据，以法律为准绳，坚持教育与处罚相结合，接受社会监督。

76.劳动保障监察机构如何正确行使自由裁量权

人力资源社会保障行政部门自由裁量权一般是指行政处罚自由裁量权，是人力资源社会保障行政部门在法律、法规或规章规定的行政处罚种类和幅度内，酌情进行选择和适用的权力。

人力资源社会保障行政部门行使自由裁量权应注意以下几点：（1）人力资源社会保障行政部门行使行政处罚自由裁量权，应当以教育为主、处罚为辅为原则，以过罚相当为标准，对当事人违法行为的事实、性质、情节以及社会危害程度等因素进行全面、综合审查。（2）对违法主体、事实、性质、情节相同或相似的案件，行政处罚决定所适用的法律依据、处罚种类及处罚幅度应当相同或相当。（3）法律、法规、规章对同一违法行为有两个或两个以上行政处罚条款的，遵循"上位法优于下位法""新法优于旧法""特别法优于一般法"的原则选择适用。如下位法、旧法和一般法对行政处罚种类、幅度的规定与违法行为的情节、危害后果相适应，而上位法、新法和特别法未作规定，在不与上位法、新法和特别法规定相抵触情况下，可以适用下位法、旧法和一般法。（4）法律、法规、规章规定数个行政处罚种类可以单处或并处的，应当根据案件情节选择适用；规定数个行政处罚种类应当并处或有先后顺序的，不得选择适用，依法减轻处罚的除外。

77. 劳动保障监察案件处理的方式

劳动保障监察机构在规定期限调查完成后，应当根据调查的事实和相关的法律规定，以人力资源社会保障行政部门的名义对案件作出相应的行政处罚和处理。

人力资源社会保障行政部门对违反劳动保障法律、法规或者规章的行为，根据调查、检查的结果，作出以下处理：

（1）撤销立案。对用人单位违法行为情节轻微且已改正的，人力资源社会保障行政部门撤销立案；经调查、检查，人力资源社会保障行政部门认定违法事实不能成立的，也应当撤销立案。

（2）责令改正或行政处理。对用人单位存在违法行为，应当改正而未改正的，人力资源社会保障行政部门依法责令改正或者做出相应的行政处理决定。

（3）行政处罚。对用人单位确有应当受到行政处罚的违法行为的，根据情节轻重及具体情况，人力资源社会保障行政部门依法做出行政处罚决定；对情节复杂或者重大违法行为给予较重的行政处罚时，人力资源社会保障行政部门的负责人应当集体讨论决定。

（4）移送其他部门。人力资源社会保障行政部门发现违法案件不属于劳动保障监察事项的，应当及时移送有关部门处理；发现违法案件涉嫌犯罪的，应当依法移送司法机关。

💡 法律政策依据

《劳动保障监察条例》第十八条　劳动保障行政部门对违反劳动保障法律、法规或者规章的行为，根据调查、检查的结果，作出以下处理：（一）对依法应当受到行政处罚的，依法作出行政处罚决定；（二）对应当改正未改正的，依法责令改正或者作出相应的行政处理决定；（三）对情节轻微且已改正的，撤销立案。发现违法案件不属于劳动保障监察事项的，应当及时移送有关部门处理；涉嫌犯罪的，应当依法移送司法机关。

《关于实施〈劳动保障监察条例〉若干规定》第三十五条　劳动保障行政部门对违反劳动保障法律的行为，根据调查、检查的结果，作出以下处理：（一）对依法应当受到行政处罚的，依法作出行政处罚决定；（二）对应当改正未改正的，依法责令改正或者作出相应的行政处理决定；（三）对情节轻微，且已改正的，撤销立案。经调查、检查，劳动保障行政部门认定违法事实不能成立的，也应当撤销立案。发现违法案件不属于劳动保障监察事项的，应当及时移送有关部门处理；涉嫌犯罪的，应当依法移送司法机关。

78. 劳动保障监察案件处理的时效要求

人力资源社会保障行政部门对劳动保障违法案件立案调查完成后，应当及时作出相应处理。根据劳动保障监察高效的基本原则，人力资源社会保障行政部门立案调查完成，应在15个工作日内作出行政处罚（行政处理或者责令改正）或者撤销立案决定；特殊情况，经劳动保障行政部门负责人批准可以延长。

> **法律政策依据**
>
> 《关于实施〈劳动保障监察条例〉若干规定》第三十七条 劳动保障行政部门立案调查完成,应在15个工作日内作出行政处罚(行政处理或者责令改正)或者撤销立案决定;特殊情况,经劳动保障行政部门负责人批准可以延长。

79. 撤销立案的情形和条件

撤销立案是指人力资源社会保障行政部门对已经立案的案件,在出现法定事由后作出的撤销案件的决定。

一些用人单位确实存在违反劳动保障法律、法规、规章的行为,但是情节轻微,如没有对劳动者造成实际损害、社会危害较小等,并且用人单位已经改正,为了体现劳动保障监察的目的不仅在于对违法行为的查处,更在于劳动保障法律、法规和规章的贯彻实施,所以对于情节轻微且已改正的,《劳动保障监察条例》作出了撤销立案的规定。而后"经调查、检查,认定违法事实不能成立"的情形,也被原劳动保障部《关于实施〈劳动保障监察条例〉若干规定》明确为应当撤销立案的情形。

为解决劳动保障监察实践过程中的一些程序问题,进一步规范劳动保障监察行为,提高劳动保障监察办案效率,原劳动保障部又进一步明确了劳动保障监察案件可以撤销立案的情形有:(1)违法事实不能成立的;(2)违法情节轻微,且已改正的;(3)被调查用人单位依法宣告破产、解散、关闭,没有财产进行分配,又没有相关义务承受人的;(4)不属于立案的劳动保障行政部门管辖的;(5)不属于劳动保障部门监察职权范围的;(6)根据《关于实施〈劳动保障监察条例〉若干规定》第十五条应当由劳动争议处理或诉讼程序办理的;(7)违反劳动保障法律、法规或者规章的行为发生超过

2年的；（8）其他法律法规规章规定应当撤销立案的情形。有相应证据证明案件符合上述情形的，即可就该立案案件撤销立案。

案例选读：已按照劳动争议处理程序办理的案件撤销立案

赵某到某区劳动保障监察大队投诉该区内的某公司，反映该公司无故与其解除劳动关系，未依法支付经济补偿金。某大队依法立案调查，经调查该公司称赵某工作期间违反单位规章制度，所以才与其解除劳动关系，不属于应支付经济补偿金的情形，赵某称其未违反单位规章制度，是单位欲加之罪，且赵某在投诉前，已向该区劳动人事争议仲裁委员会提出申诉，要求单位支付经济补偿金，该区劳动人事争议仲裁委员会已经受理立案。因此，该区大队根据《劳动保障监察条例》规定，对赵某的投诉作出撤销立案决定，并告知赵某应按照劳动争议处理程序解决。

法律政策依据

《劳动保障监察条例》第十八条第一款第三项　对情节轻微且已改正的，撤销立案。

《关于实施〈劳动保障监察条例〉若干规定》第三十五条第一款第三项、第二款　对情节轻微，且已改正的，撤销立案。经调查、检查，劳动保障行政部门认定违法事实不能成立的，也应当撤销立案。

《关于劳动保障监察案件撤销立案事项的通知》（劳社厅发〔2005〕12号）规定　劳动保障行政部门劳动保障监察案件立案后经调查，对有下列情形之一的，可以撤销立案。（一）违法事实不能成立的；（二）违法情节轻微，且已改正的；（三）被调查用人单位依法宣告破产、解散、关闭，没有财产进行分配，又没有相关义务承受人的；（四）不属于立案的劳动保障行政部门管辖的；（五）不属于劳动保障部门监察职权范围的；（六）根据《关于实施〈劳动保障监察条例〉若干规定》第十五条应当由劳动争议处理或诉讼程序办理的；（七）违反劳动保障法律、法规或者规章的行为发生超过2年的；（八）其他法律法规规章规定应当撤销立案的情形。

80. 责令改正的情形和条件

劳动保障监察责令改正是指对违反劳动保障法律、法规、规章的用人单位给予的要求其纠正违法行为的一种行政管理措施，是劳动保障监察案件的处理形式之一。责令改正的目的是纠正违法行为，要求行政相对人履行其本应承担的法律义务，而不是对其增加额外的法律义务，也不是对其权利的剥夺或限制。责令改正从本质上看具有教育性，是教育与处罚相结合原则的体现，而不具有惩戒性、制裁性。人力资源社会保障行政部门查明用人单位确有违反劳动保障法律、法规、规章行为的，无论对其违法行为是否给予劳动保障监察行政处理和行政处罚、无论对其处以何种行政处理和行政处罚，都应责令其及时纠正违法行为。也就是说，对于存在的劳动保障违法行为，人力资源社会保障行政部门首先要进行制止，责令其改正，不能"只罚不管"或"以罚代管"。

正确适用责令改正，应符合以下要件：

（1）实质要件：属于劳动保障监察职权范围，有法律依据，行政相对人存在劳动保障违法行为且事实确凿。

（2）形式要件：①责令改正既可以单独适用，也可以依据《行政处罚法》第二十三条规定与行政处罚同时适用。单独适用时，可以向行政相对人制发限期整改指令书等法律文书；与行政处罚同时适用时，可以在表述行政处罚之前表述责令改正的内容。②责令改正既可以书面形式作出，也可以口头形式作出。但一般采用书面形式，这符合执法规范化等要求，而且有利于证明劳动保障监察机构"作为"。若采用口头形式的，则应将责令改正的具体情况记录在调查笔录中。③责令改正文书一般为填空式文书（如预定格式的劳动保障监察限期整改指令书），其首部包括行政部门名称、文书名称、文书编号、当事人名称等；正文包括违法行为内容、责令改正的理由、法律依据、责令改正的期限、履行方式以及未按照要求改正的责任等；尾部包括行政部门名称及印章、日期等。

（3）程序要件：责令改正既不是行政处罚，也不是行政处理，但为严格行政管理程序，保障公正执法和保护当事人权益，人力资源社会保障行政部门责令行政相对人改正时，应依据法定程序进行。发现用人单位存在劳动保障违法行为的，在事实确凿并有法律依据时，可以当场作出劳动保障监察限期整改指令书（具有预定格式、编有号码），责令其限期改正；若不能当场处理的，也可以在查清案件事实的情况下，再作出劳动保障监察限期整改指令书。劳动保障监察限期整改指令书应当在宣告后当场交付当事人；当事人不在场的，人力资源社会保障行政部门应当在7日内依照《中华人民共和国民事诉讼法》的有关规定，将劳动保障监察限期整改指令书送达当事人。

需要强调的是，责令改正应当以人力资源社会保障行政部门的名义作出，加盖人力资源社会保障行政部门印章。

（4）改正期限：人力资源社会保障行政部门责令行政相对人改正时，应明确责令改正期限。对于法律、法规和规章没有明确规定改正期限的，行政部门应予以合理确定。

案例选读：当场作出责令整改

2014年11月30日，某市劳动监察支队监察员张某和李某，到某公司进行劳动保障监察，在对该公司职工工资表、考勤表进行检查过程中，发现该公司未依法支付25名职工2014年10月1日至3日的加班工资，张某和李某当场填写预定格式、编有号码的限期整改指令书并交付该公司法定代表人，要求该公司于12月10日前依法发放25名职工的10月1日至3日的法定节假日加班工资。

💡 法律政策依据

《劳动保障监察条例》第十八条第一款第二项　对应当改正未改正的，依法责令改正或者作出相应的行政处理决定。

《行政处罚法》第二十三条　行政机关实施行政处罚时，应当责令当事人改正或者限期改正违法行为。

《关于实施〈劳动保障监察条例〉若干规定》第三十一条　对用人单位存在的违反劳动保障法律的行为事实确凿并有法定处罚（处理）依据的，可以当场作出限期整改指令或依法当场作出行政处罚决定。当场作出限期整改指令或行政处罚决定的，劳动保障监察员应当填写预定格式、编有号码的限期整改指令书或行政处罚决定书，当场交付当事人。

第三十五条第一款第二项　对应当改正未改正的，依法责令改正或者作出相应的行政处理决定。

第三十八条　劳动保障监察限期整改指令书、劳动保障行政处理决定书、劳动保障行政处罚决定书应当在宣告后当场交付当事人；当事人不在场的，劳动保障行政部门应当在7日内依照《中华人民共和国民事诉讼法》的有关规定，将劳动保障监察限期整改指令书、劳动保障行政处理决定书、劳动保障行政处罚决定书送达当事人。

81. 行政处理的情形和条件

劳动保障监察行政处理，是指人力资源社会保障行政部门通过劳动保障监察执法活动，对行政相对人违反劳动保障法律、法规或规章，拒不履行劳动保障法定义务的行为，责令其履行劳动保障法定义务的一种具体行政行为。

（1）特征：①劳动保障监察行政处理的前提是行政相对人违反劳动保障法律、法规或规章，拒不履行法定义务。②劳动保障监察行政处理的目的在于促使行政相对人履行法定义务，而不是制裁其违法行为，主要是对损害他人权益进行补救或是对原状的恢复。③劳动保障监察行政处理是人力资源社会保障行政部门的法定职责。如果公民、法人或其他组织依法申请人力资源社会保障行政部门履行保护其劳动保障权利的法定职责，人力资源社会保障行政部门应作出行政处理决定而未作出的，公民、法人或其他组织可以提起行政复议或行政诉讼要求人力资源社会保障行政部门履行法定职责。

（2）分类：按照行政处理的标的进行分类，一般分为金钱给付的行政处理和完成一定行为的行政处理。前者主要有责令单位支付劳动者工资报酬、经济补偿金、赔偿金等，后者主要有责令单位清退童工等。在劳动保障监察执法实践中，劳动保障行政处理决定主要用于要求用人单位履行金钱给付的义务。

（3）程序：为保障行政相对人的权利，在作出行政处理决定前要经过行政处理事先告知程序，先下达《劳动保障监察行政处理告知书》，告知用人单位享有陈述和申辩的权利。人力资源社会保障行政部门作出行政处理，还应制作《劳动保障监察行政处理决定书》，处理决定书应当载明下列事项：被处理单位基本情况、人力资源社会保障行政部门认定的违法事实和主要证据、劳动保障监察行政处理的种类和依据、处理决定的履行方式和期限、不服处理决定，申请行政复议或者提起行政诉的途径和期限、作出处理决定的行政机关名称及作出处理决定日期。劳动保障监察行政处理告知书和决定书应当加盖人力资源社会保障行政部门印章。

法律政策依据

《劳动保障监察条例》第十八条第一款第二项　对应当改正未改正的，依法责令改正或者作出相应的行政处理决定。

《关于实施〈劳动保障监察条例〉若干规定》第三十四条　对违反劳动

保障法律的行为作出行政处罚或者行政处理决定前,应当告知用人单位,听取其陈述和申辩;法律、法规规定应当依法听证的,应当告知用人单位有权依法要求举行听证;用人单位要求听证的,劳动保障行政部门应当组织听证。

第三十五条第一款第二项　对应当改正未改正的,依法责令改正或者作出相应的行政处理决定。

第三十六条　劳动保障监察行政处罚(处理)决定书应载明下列事项:(一)被处罚(处理)单位名称、法定代表人、单位地址;(二)劳动保障行政部门认定的违法事实和主要证据;(三)劳动保障行政处罚(处理)的种类和依据;(四)处罚(处理)决定的履行方式和期限;(五)不服行政处罚(处理)决定,申请行政复议或者提起行政诉讼的途径和期限;(六)作出处罚(处理)决定的行政机关名称和作出处罚(处理)决定的日期。劳动保障行政处罚(处理)决定书应当加盖劳动保障行政部门印章。

82. 行政处罚的情形和条件

用人单位确有应受行政处罚的违法行为的,根据情节轻重及具体情况,人力资源社会保障行政部门依法作出行政处罚决定。

适用条件:(1)必须已经实施了违法行为,且该违法行为违反了行政法律规范;(2)行政相对人具有责任能力;(3)行政相对人的行为依法应当受到处罚;(4)违法行为未超过追究时效。

法律政策依据

《劳动保障监察条例》第十八条第一款第一项　对依法应当受到行政处罚的,依法作出行政处罚决定。

《关于实施〈劳动保障监察条例〉若干规定》第三十五条第一款第一项　对依法应当受到行政处罚的,依法作出行政处罚决定。

83. 行政处罚需要掌握的原则

（1）法定原则。即实施行政处罚必须有法定依据，必须遵守法定程序，且实施主体合法。

（2）公正、公开原则。即要在法定的处罚种类和幅度内实施处罚，做到公平合理；对劳动保障违法行为给予行政处罚的规定必须公布，行政处罚前必须事先告知行政相对人，允许其陈述、申辩，对重大行政处罚可申请听证等。

（3）过罚相当原则。即劳动保障监察行政处罚的设定和实施要与违法行为的事实、性质、情节及社会危害程度相当。

（4）处罚与教育相结合的原则。即不能以罚代管、以罚代教，要以教育行政相对人自觉守法为目的。

（5）一事不再罚原则。即指对行政相对人的同一个劳动保障违法行为，人力资源社会保障行政部门不得以同一事实、同一理由给予两次以上罚款的行政处罚。

（6）保障相对人权利原则。即人力资源社会保障行政部门对行政相对人实施处罚时，必须保证相对人取得救济途径，否则便不能实施处罚。

法律政策依据

《行政处罚法》第三条 公民、法人或者其他组织违反行政管理秩序的行为，应当给予行政处罚的，依照本法由法律、法规或者规章规定，并由行政机关依照本法规定的程序实施。没有法定依据或者不遵守法定程序的，行政处罚无效。

第四条 行政处罚遵循公正、公开的原则。设定和实施行政处罚必须以事实为依据，与违法行为的事实、性质、情节以及社会危害程度相当。对违法行为给予行政处罚的规定必须公布；未经公布的，不得作为行政处罚的依据。

第五条 实施行政处罚，纠正违法行为，应当坚持处罚与教育相结合，教育公民、法人或者其他组织自觉守法。

第六条 公民、法人或者其他组织对行政机关所给予的行政处罚，享有陈述权、申辩权；对行政处罚不服的，有权依法申请行政复议或者提起行政诉讼。公民、法人或者其他组织因行政机关违法给予行政处罚受到损害的，有权依法提出赔偿要求。

第二十四条 对当事人的同一个违法行为，不得给予两次以上罚款的行政处罚。

84. 责令改正与劳动保障行政处理的适用区别

责令改正是人力资源社会保障行政部门的行政管理措施，旨在指出当事人应履行的法定义务，因此限期改正指令书对于涉及具体金钱给付义务的，可以不作出具体数额要求，而只要求其按照法律规定进行改正，用人单位在法定期限内拒不履行的，人力资源社会保障行政部门不可以申请人民法院强制执行。

行政处理决定是人力资源社会保障行政部门具体行政行为，劳动保障监察行政处理决定书必须确定金钱给付具体数额，用人单位在法定期限内拒不履行的，人力资源社会保障行政部门可以依法申请人民法院强制执行。

行政处理并不以责令改正为前提条件，对劳动保障违法行为是否给予行政处理或责令改正要根据法律法规的具体规定而定。但在劳动保障监察执法实践中，一般情况下，劳动保障违法行为是在责令改正后，拒不改正的，才给予行政处理。

案例选读：责令改正和行政处理

2015年4月7日，张某到某市劳动保障监察支队投诉，反映该市某企业拖欠其2014年2月工资2 000元，要求予以查处。该市劳动保障监察支队依法受理了张某的投诉，并立案调查。经实施监察，查实该企业存在拖欠张某

2014年2月工资2 000元的违法行为。2015年4月16日，该市人力资源社会保障局依法向该企业发出《限期整改指令书》，要求在4月23日前改正拖欠工资的违法行为，但该企业未内在期限内改正。4月28日，该市人力资源社会保障局依据《劳动合同法》第八十五条第一款规定，向该企业发出《行政处理告知书》，告知该企业拟对其作出责令其支付张某2014年2月工资2 000元，另责令其按照应付金额的50%的标准加付赔偿金1 000元，同时告知该企业依法享有陈述申辩的权利，可于4月30日前进行陈述申辩。告知文书于当日送达。期满，该企业未作出申辩。5月5日，该市人力资源社会保障局对该企业依法作出《行政处理决定书》，并告知该企业依法享有申请行政复议或者提起行政诉讼的权利，决定文书于当日送达。

💡 法律政策依据

《最高人民法院办公厅关于对〈关于请解决劳动监察决定强制执行问题的函〉的答复》（法办〔1998〕65号）规定　根据《行政诉讼法》《劳动法》和《劳动监察规定》的规定，劳动和社会保障部门作出的行政处理决定和行政处罚决定，可以依法申请人民法院强制执行；但劳动监察限期改正指令书不属于可申请人民法院强制执行的具体行政行为，当事人不履行该指令书确定的义务的，劳动和社会保障部门可依照《劳动监察规定》的规定处理或者处罚。

85. 行政处罚的种类

行政处罚的种类主要包括：警告，罚款，没收违法所得、没收非法财物，责令停产停业，暂扣或吊销许可证、暂扣或吊销执照，行政拘留等。结合劳动保障监察实践，劳动保障监察行政处罚的种类主要有警告，罚款，没收违法所得和非法财物，暂扣或吊销许可证等。

💡 法律政策依据

《行政处罚法》第八条　行政处罚的种类：（一）警告；（二）罚款；（三）没收违法所得、没收非法财物；（四）责令停产停业；（五）暂扣或者吊销许可证、暂扣或者吊销执照；（六）行政拘留；（七）法律、行政法规规定的其他行政处罚。

《劳动保障监察条例》第二十五条　用人单位违反劳动保障法律、法规或者规章延长劳动者工作时间的，由劳动保障行政部门给予警告，责令限期改正，并可以按照受侵害的劳动者每人100元以上500元以下的标准计算，处以罚款。

第二十八条　职业介绍机构、职业技能培训机构或者职业技能考核鉴定机构违反国家有关职业介绍、职业技能培训或者职业技能考核鉴定的规定的，由劳动保障行政部门责令改正，没收违法所得，并处1万元以上5万元以下的罚款；情节严重的，吊销许可证。未经劳动保障行政部门许可，从事职业介绍、职业技能培训或者职业技能考核鉴定的组织或者个人，由劳动保障行政部门、工商行政管理部门依照国家有关无照经营查处取缔的规定查处取缔。

86. 什么是罚缴分离

罚缴分离是指作出罚款决定的行政机关应当与收缴罚款的机构分离。除依法予以当场收缴的罚款外，作出行政处罚决定的人力资源社会保障行政部门及其劳动保障监察员不得自行收缴罚款。当事人应当自收到行政处罚决定书之日起15日内，到指定银行缴纳罚款。当事人确有经济困难，需要延期或者分期缴纳罚款的，经当事人申请和人力资源社会保障行政部门批准，可以暂缓或者分期缴纳。劳动保障监察员当场收缴的罚款，应当自收缴罚款之日起2日内，交至人力资源社会保障行政部门；人力资源社会保障行政部门应当在2日内将罚款缴付指定的银行。

这样规定是为了保障行政执法的效率和公正，最大限度避免执法人员职务违法犯罪和有效防止罚款决定机关滥用罚款权谋取私利，实现对行政处罚权的规范管理。

法律政策依据

《行政处罚法》第四十六条　作出罚款决定的行政机关应当与收缴罚款

的机构分离。除依照本法第四十七条、第四十八条的规定当场收缴的罚款外，作出行政处罚决定的行政机关及其执法人员不得自行收缴罚款。当事人应当自收到行政处罚决定书之日起十五日内，到指定的银行缴纳罚款。银行应当收受罚款，并将罚款直接上缴国库。

第五十条 执法人员当场收缴的罚款，应当自收缴罚款之日起二日内，交至行政机关；在水上当场收缴的罚款，应当自抵岸之日起二日内交至行政机关；行政机关应当在二日内将罚款缴付指定的银行。

《关于实施〈劳动保障监察条例〉若干规定》第四十三条 当事人确有经济困难，需要延期或者分期缴纳罚款的，经当事人申请和劳动保障行政部门批准，可以暂缓或者分期缴纳。

第四十五条 除依法当场收缴的罚款外，作出罚款决定的劳动保障行政部门及其劳动保障监察员不得自行收缴罚款。当事人应当自收到行政处罚决定书之日起15日内，到指定银行缴纳罚款。

87. 什么是一事不再罚原则

一事不再罚原则，即对行政相对人的同一个违法行为，行政部门不得以同一事实、同一理由给予两次以上罚款的行政处罚。一事不再罚作为行政处罚的原则，目的在于防止重复处罚，体现过罚相当的法律原则，以保护行政相对人的合法权益。劳动保障监察实施行政处罚同样适用这一原则。

案例选读：是否一事再罚？

某市劳动监察支队接到举报，反映某酒店收取职工服装押金，市劳动监察支队依法立案调查，经调查确认该公司共收取50名职工服装押金共计5 000元（人均100元），该市人力资源社会保障局依法向该酒店下达限期整改指令书，责令该酒店10日内改正违法行为，并拟按照每人500元的标准处以罚款，共计罚款25 000元，依法送达《行政处罚告知书》。期满，该酒店未要求听证，也未进行陈述申辩。该市人力资源社会保障局依法作出罚款15 000元的行政处罚决定,并送达《行政处罚决定书》。该酒店未在期限内改正违法行为,劳动保障监察员多次宣传法律政策,该酒店法定代表人态度恶劣,仍拒不改正,也未履行行政处罚决定。该市人力资源社会保障局根据《劳动保障监察条例》第三十条第一款第三项的规定,依法定程序作出罚款20 000元的行政处罚决定。该酒店收到《行政处罚决定书》后,对连续两次作出处罚决定不服,认为该市人力资源社会保障局违反了"一事不再罚"原则。实际上,本案中两次行政处罚针对的是两个违法行为,第一次处罚针对的是收取押金的行为,第二次处罚针对的是逾期不改正的行为,前者侵害的是国家的劳动管理秩序,后者侵害的是劳动保障监察行政执法秩序,虽然都是同一主体实施的行为,且存在因果关系,但仍属于不同的违法行为,与"一事不再罚"原则并不冲突。

法律政策依据

《行政处罚法》第二十四条 对当事人的同一个违法行为,不得给予两次以上罚款的行政处罚。

88. 什么是行政相对人权利的救济和保护

知识要点

行政相对人是指在行政法律关系中与行政主体相对应的另一方主体,包括公民、法人或其他组织。

行政相对人的权利在行政执法过程中极易受到伤害,为切实维护行政相对人的合法权益,相关法律法规进行了多种义务性规定,以保护和救济行政相对人的权利。

行政主体的行政权与行政相对人权利的关系是劳动保障法律法规所要调整的核心内容。在违法行使行政权或不当行使行政权的情形下,行政相对人的权利就可能受到损害。在劳动保障监察执法过程中,相关法律法规规定了多种方式和途径,保护相对人的实体权利,如劳动保障监察告知、回避、陈述申辩、听证、行政复议和行政诉讼等。

89. 劳动保障监察的告知主体和告知对象

劳动保障监察告知是指人力资源社会保障行政部门在对行政相对人作出行政处理（处罚）决定等具体行政行为时，告知与之相关的事项。行政告知必须由行政主体作出，只有行政主体才能以自己的名义在法定权限内处理行政事务，行使行政权力，承担法律责任。具体到劳动保障监察告知，其行为主体应当是人力资源社会保障行政部门。以人力资源社会保障行政部门名义实施劳动保障监察的劳动保障监察机构，在办理劳动保障监察案件时，也应以人力资源社会保障行政部门的名义履行告知义务。

劳动保障监察告知的对象，通常是指人力资源社会保障行政部门的行政处理（处罚）等具体行政行为指向的各类用人单位、职业中介机构、职业技能培训机构、职业机能考核鉴定机构。在特定的情形下，告知对象还包括个人。如《社会保险费征缴暂行条例》第二十三条规定，缴费单位未按规定办理社会保险登记、变更登记或注销登记，或未按照规定申报应缴纳的时候保险费数额，情节严重的，由人力资源资源社会保障行政部门对缴费单位直接负责人的主管人员和其他直接责任人员处以罚款。缴费单位主管人员和直接责任人员此时成为告知对象。

💡 法律政策依据

《行政处罚法》第三十一条　行政机关在作出行政处罚决定之前，应当告知当事人作出行政处罚决定的事实、理由及依据，并告知当事人依法享有的权利。

第三十二条　当事人有权进行陈述和申辩。行政机关必须充分听取当事人的意见，对当事人提出的事实、理由和证据，应当进行复核；当事人提出的事实、理由或者证据成立的，行政机关应当采纳。行政机关不得因当事人申辩而加重处罚。

《劳动保障监察条例》第十九条　劳动保障行政部门对违反劳动保障法律、法规或者规章的行为作出行政处罚或者行政处理决定前，应当听取用人单位的陈述、申辩；作出行政处罚或者行政处理决定，应当告知用人单位依法享有申请行政复议或者提起行政诉讼的权利。

《关于实施〈劳动保障监察条例〉若干规定》第三十四条 对违反劳动保障法律的行为作出行政处罚或者行政处理决定前，应当告知用人单位，听取其陈述和申辩；法律、法规规定应当依法听证的，应当告知用人单位有权依法要求举行听证；用人单位要求听证的，劳动保障行政部门应当组织听证。

90. 劳动保障监察告知的内容、时间和方式

劳动保障监察告知的内容主要是与行政相对人相关的事项，具体由相关法律、行政法规和规章所规定。主要有作出具体行政行为所基于的事实和理由、所依据的法律法规规定，以及相对人的权利事项和救济途径等。具体而言，主要包括四个方面的内容：（1）告知行政处理（处罚）事实、理由和法律依据；（2）告知陈述、申辩权；（3）告知听证权；（4）告知行政复议和诉讼。

劳动保障监察告知的时间，因告知的内容和劳动保障监察案件的程序类别不同而不同。适用简易程序办理的案件，申请回避权、作出行政决定的事实理由依据及当事人的陈述权和申辩权，应当在当场发现劳动保障违法行为，并拟作出行政决定书之前告知；行政救济权是在当场作出并送达行政决定书时告知。适用一般程序办理的案件，申请回避权是在立案后，指定劳动保障监察员承办案件之初告知；当事人对行政决定的事实、理由、依据，以及当事人的陈述权、申辩权、要求听证权，应当在案件调查终结，作出行政决定之前告知；行政救济权，在送达行政决定书时告知。

劳动保障监察告知方式包括口头和书面两种方式，分别适用于不同的告知内容和劳动保障监察案件处理程序。适用简易程序办理的案件，除行政救济权外，其他的告知均可采用口头方式，体现简易程序即时性、高效性。适用一般程序的案件，除申请回避权外，其他的告知，均应采用书面方式，即制作劳动保障监察告知书，并依法送达相对人。需要注意的是，人力资源社会保障行政部门对依法告知负有举证责任。劳动保障监察员即便口头告知，也应当通过制作笔录、录音、录像等方式，记录和固化告知程序，防止当事人日后否认被告知。

法律政策依据

《劳动保障监察条例》第十九条 劳动保障行政部门对违反劳动保障法律、法规或者规章的行为作出行政处罚或者行政处理决定前,应当听取用人单位的陈述、申辩;作出行政处罚或者行政处理决定,应当告知用人单位依法享有申请行政复议或者提起行政诉讼的权利。

《关于实施〈劳动保障监察条例〉若干规定》第二十五条第一款 回避决定应在收到申请之日起3个工作日内作出。作出回避决定前,承办人员不得停止对案件的调查处理。对回避申请的决定,应当告知申请人。

第三十二条 当场处以警告或罚款处罚的,应当按照下列程序进行:(一)口头告知当事人违法行为的基本事实、拟作出的行政处罚、依据及其依法享有的权利;(二)听取当事人的陈述和申辩;(三)填写预定格式的处罚决定书;(四)当场处罚决定书应当由劳动保障监察员签名或者盖章;(五)将处罚决定书当场交付当事人,由当事人签收。劳动保障监察员应当在2日内将当场限期整改指令和行政处罚决定书存档联交所属劳动保障行政部门存档。

第三十四条 对违反劳动保障法律的行为作出行政处罚或者行政处理决定前,应当告知用人单位,听取其陈述和申辩;法律、法规规定应当依法听证的,应当告知用人单位有权依法要求举行听证;用人单位要求听证的,劳动保障行政部门应当组织听证。

第三十九条 作出行政处罚、行政处理决定的劳动保障行政部门发现决定不适当的,应当予以纠正并及时告知当事人。

91. 违反劳动保障监察告知义务的表现形式和法律后果

表现形式:(1)未告知,主要包括三种情形,第一,实际未告知,即人力资源社会保障行政部门由于主观上不愿告知或由于业务素质、能力不足等原因,事实上未实施告知行为。第二,不能证明告知,即人力资源社会保障行政部门客观上已履行了告知程序,但在相对人否认的情况下,不能举证加以证明。

第三，未有效告知，是未告知的一种特殊情形，是指因履行告知程序中发生的错误导致告知实际未能送达或无法被法律确认送达给相对人。（2）部分告知，是指人力资源社会保障行政部门已经履行了告知义务，但告知的内容不全面，包括告知的事实或权利事项不完整、法律依据不全面等。如对重大行政处罚只告知相对人陈述权和申辩权，未告知要求听证权，造成当事人丧失听证机会。

法律后果：（1）导致行政决定不能成立。《行政处罚法》第四十一条规定行政机关及其执法人员在作出行政处罚决定之前，不依照本法第三十一条、第三十二条规定向当事人告知给予行政处罚的事实、理由和依据，或者拒绝听取当事人的陈述、申辩，行政处罚决定不能成立。实践中，人力资源社会保障行政部门如果没有告知或告知无效，将导致行政处罚或行政处理决定不能成立，因而不能产生法律上的约束力，无法达到预期目的。（2）导致诉讼时效延长。行政机关在作出具体行政行为时，应当告知行政行为的内容和当事人的诉权。如果行政机关没有告知诉权的，当事人的起诉期限延长至 2 年；如果行政机关没有告知行政行为内容的，当事人有关不动产以外其他事项的起诉期限延长至 5 年。（3）给相对人造成损害的要承担行政赔偿责任。告知作为行政主体的一项法定义务，如果其不履行，则构成程序违法，相对人对此"不作为"受到的利益损害可以申请行政赔偿。

案例选读：

某市劳动监察大队在 2014 年 5 月 10 日的日常巡视检查中调查发现，个体工商户李某未经劳动保障行政部门许可私自从事职业介绍活动，6 月 2 日，某市人力资源社会保障局以未经批准从事职业介绍活动为由给予李某罚款的行政处罚，并于当日向李某送达了行政处罚告知书和行政处罚决定书，李某不服，向人民法院提出行政诉讼。法院经审理认为，某市人力资源社会保障局作出的行政处罚决定主要证据充分，但在向原告送达行政处罚告知书的同时，已对原告作出了行政处罚，事实上剥夺了原告依法享有的陈述和申辩权利，属于程序违法，判决撤销被告对原告作出的行政处罚决定，案件受理费由被告承担。

> **法律政策依据**
>
> 《行政处罚法》第三条第二款 没有法定依据或者不遵守法定程序的,行政处罚无效。
>
> 第六条第二款 公民、法人或者其他组织因行政机关违法给予行政处罚受到损害的,有权依法提出赔偿要求。
>
> 第四十一条 行政机关及其执法人员在作出行政处罚决定之前,不依照本法第三十一条、第三十二条的规定向当事人告知给予行政处罚的事实、理由和依据,或者拒绝听取当事人的陈述、申辩,行政处罚决定不能成立;当事人放弃陈述或者申辩权利的除外。
>
> 《最高人民法院关于执行〈中华人民共和国行政诉讼法〉若干问题的解释》(法释〔2000〕8号)第四十一条第一款 行政机关作出具体行政行为时,未告知公民、法人或者其他组织诉权或者起诉期限的,起诉期限从公民、法人或者其他组织知道或者应当知道诉权或者起诉期限之日起计算,但从知道或者应当知道具体行政行为内容之日起最长不得超过2年。
>
> 第四十二条 公民、法人或者其他组织不知道行政机关作出的具体行政行为内容的,其起诉期限从知道或者应当知道该具体行政行为内容之日起计算。对涉及不动产的具体行政行为从作出之日起超过20年、其他具体行政行为从作出之日超过5年提起诉讼的,人民法院不予受理。

92.什么是用人单位的陈述和申辩

对违反劳动保障法律的行为作出行政处罚或者行政处理决定前,应当告知用人单位,听取其陈述和申辩。

用人单位的陈述权是指用人单位就所知事实向人力资源社会保障行政部门进行陈述,要求人力资源社会保障行政部门全面了解案件事实真相,准确认定具体情节的权利。

用人单位的申辩权是指用人单位针对人力资源社会保障行政部门的不利

判定而作辩解，要求人力资源社会保障行政部门作出公正处理的权利，包括要求劳动保障监察员充分听取辩解意见和复核现有证据等。

> **法律政策依据**
>
> 《行政处罚法》第六条第一款　公民、法人或者其他组织对行政机关所给予的行政处罚，享有陈述权、申辩权；对行政处罚不服的，有权依法申请行政复议或者提起行政诉讼。
>
> 《关于实施〈劳动保障监察条例〉若干规定》第三十四条　对违反劳动保障法律的行为作出行政处罚或者行政处理决定前，应当告知用人单位，听取其陈述和申辩；法律、法规规定应当依法听证的，应当告知用人单位有权依法要求举行听证；用人单位要求听证的，劳动保障行政部门应当组织听证。

93. 行政处罚听证的要求

人力资源社会保障行政部门作出责令停产停业、吊销许可证、较大数额罚款（在劳动保障监察活动中，听证通常是针对较大数额罚款，较大数额罚款的听证范围主要由省、自治区、直辖市人大常委会或人民政府确定）等行政处罚决定之前，应当告知行政相对人有要求听证的权利，并告诉其若要申请，应当在告知后3日内提出。

人力资源社会保障行政部门在作出行政处罚决定之前，若不依法进行告知或者拒绝听取陈述、申辩，将导致该行政处罚决定不能成立。当然，当事人放弃陈述申辩的除外。

人力资源社会保障行政部门在进行行政处罚听证程序时应注意以下要求：

（1）行政部门应当从本部门的下列人员中指定1名听证主持人、1名听证记录员；

①法制工作机构的公务员；

②未设法制机构的，承担法制工作的其他机构的公务员；

③法制机构与行政执法机构为同一机构的，该机构其他非参与本案调查

的公务员。

（2）听证主持人、记录员有下列情况之一的，应当自行回避，当事人也有权申请其回避：

①参与本案的调查取证人员；

②本案当事人的近亲属或者与当事人有其他利害关系的人员；

③与案件的处理结果有利害关系，可能影响听证公正进行的人员。

听证主持人和听证记录员的回避，由行政部门负责人决定。

（3）行政部门应当在听证的7日前，通知相对人举行听证的时间、地点等；相对人可以亲自参加听证，也可以委托1至2人代理；

（4）除涉及国家秘密、商业秘密或者个人隐私外，听证公开举行；

（5）举行听证时，调查人员提出当事人违法的事实、证据和行政处罚建议；当事人进行申辩和质证；所有与认定案件主要事实有关的证据都必须在听证中出示，并通过质证和辩论进行认定，行政部门不得以未经听证认定的证据作为行政处罚的依据。

（6）听证应当制作笔录；笔录应当交当事人审核无误后签字或者盖章。

（7）听证结束后，听证主持人应当根据听证确定的事实和证据，依据法律、法规和规章，向行政部门负责人提出对听证案件处理的书面建议。

案例选读：超时加班被行政处罚

2015年3月1日至3月25日期间，某市劳动保障监察支队根据举报，对该市某家具生产企业违法延长工作时间的行为进行立案调查，经查，该企业实行标准工时制度，2014年12月期间违法延长120名职工工作时间15 600小时（人均违法延长工作时间130小时），违反了《劳动法》第四十一条、第四十三条规定。3月30日，该市人力资源和社会保障局依据《劳动保障监察条例》第二十五条规定，向该企业发出《行政处罚告知书》，告知该企业拟对其作出警告，及按照受侵害的员工每人500元的标准处以60 000元的罚款,另责令其 4 月 10 日前改正违法延长劳动者工作时间的行为,同时告知该企业其拟作出行政处罚决定的事实、理由、依据,以及 3 日内有依法听证的权利。告知文书于当日送达。期满,该企业未要求听证,也未进行陈述申辩。4 月 7 日,某市人力资源社会保障局对该企业依法发出《行政处罚决定书》,告知该企业于 4 月 22 日前将罚款交至所在市建设银行,同时告知其逾期缴纳的后果和依法享有申请行政复议或者提起行政诉讼的权利,决定文书于当日送达。

法律政策依据

《行政处罚法》第四十二条　行政机关作出责令停产停业、吊销许可证或者执照、较大数额罚款等行政处罚决定之前,应当告知当事人有要求举行听证的权利;当事人要求听证的,行政机关应当组织听证。当事人不承担行政机关组织听证的费用。听证依照以下程序组织:(一)当事人要求听证的,应当在行政机关告知后三日内提出;(二)行政机关应当在听证的七日前,通知当事人举行听证的时间、地点;(三)除涉及国家秘密、商业秘密或者个人隐私外,听证公开举行;(四)听证由行政机关指定的非本案调查人员主持;当事人认为主持人与本案有直接利害关系的,有权申请回避;(五)当事人可以亲自参加听证,也可以委托一至二人代理;(六)举行听证时,调查人员提出当事人违法的事实、证据和行政处罚建议;当事人进行申辩和质证;(七)听证应当制作笔录;笔录应当交当事人审核无误后签字或者盖章。当事人对限制人身自由的行政处罚有异议的,依照治安管理处罚条例有关规定执行。

第四十三条　听证结束后,行政机关依照本法第三十八条的规定,作出决定。

《关于实施〈劳动保障监察条例〉若干规定》第三十四条　对违反劳动保障法律的行为作出行政处罚或者行政处理决定前,应当告知用人单位,听取其陈述和申辩;法律、法规规定应当依法听证的,应当告知用人单位有权依法要求举行听证;用人单位要求听证的,劳动保障行政部门应当组织听证。

94. 什么是行政复议

行政复议是指公民、法人或者其他组织不服行政主体作出的具体行政行为，认为行政主体的具体行政行为侵犯其合法权益，依法向法定行政复议机关提出复议申请，行政复议机关受理复议申请，依法对有争议的具体行政行为进行合法性、适当性审查并作出行政复议决定的活动及其制度。属于行政系统内部自我纠正错误的一种监督制度。

法律政策依据

《行政复议法》第二条 公民、法人或者其他组织认为具体行政行为侵犯其合法权益，向行政机关提出行政复议申请，行政机关受理行政复议申请、作出行政复议决定，适用本法。

95. 行政复议的程序要求

（1）对县级以上人力资源社会保障行政部门的具体行政行为不服的，可以向上一级人力资源社会保障行政部门申请复议，也可以向该人力资源社会保障行政部门的本级人民政府申请行政复议。

（2）公民、法人或者其他组织认为人力资源社会保障行政部门作出的具体行政行为侵犯其合法权益的，可以自知道该具体行政行为之日起60日内提出行政复议申请。

（3）行政复议申请期限依照下列规定计算：

①当场作出具体行政行为的，自具体行政行为作出之日起计算；②载明具体行政行为的法律文书直接送达的，自受送达人签收之日起计算；③载明具体行政行为的法律文书依法留置送达的，自送达人和见证人在送达回证上签注的留置送达之日起计算；④载明具体行政行为的法律文书邮寄送达的，自受送达人在邮件签收单上签收之日起计算；没有邮件签收单的，自受送达人在送达回执上签名之日起计算；⑤具体行政行为依法通过公告形式告知受送达人的，自

公告规定的期限届满之日起计算;⑥被申请人作出具体行政行为时未告知公民、法人或者其他组织,事后补充告知的,自该公民、法人或者其他组织收到补充告知的通知之日起计算;⑦被申请人有证据材料能够证明公民、法人或者其他组织知道该具体行政行为的,自证据材料证明其知道具体行政行为之日起计算。

(4)提出行政复议申请的形式:申请人书面申请行政复议的,可以采取当面递交、邮寄或者传真等方式递交行政复议申请书,也可以以电子邮件形式提出的行政复议申请。对采取传真、电子邮件方式提出的行政复议申请,申请人应当补充提交证明其身份以及确认申请书真实性的相关书面材料。

(5)行政复议申请的处理:行政复议机构收到行政复议申请后,应当在5日内进行审查,按照下列情况分别作出处理:①对符合规定条件的,依法予以受理,制作《行政复议受理通知书》和《行政复议提出答复通知书》,送达申请人和被申请人;②对符合行政复议范围,但不属于本机关受理范围的,应当书面告知申请人向有关行政复议机关提出;③对不符合法定受理条件的,应当作出不予受理决定,制作《行政复议不予受理决定书》,送达申请人,该决定书中应当说明不予受理的理由和依据。对不符合规定的行政复议申请,行政复议机构应当将有关处理情况告知申请人。④行政复议申请材料不齐全或者表述不清楚的,行政复议机构可以自收到该行政复议申请之日起5日内书面通知申请人补正,一次性告知申请人需要补正的事项。补正通知应当载明下列事项:①行政复议申请书中需要修改、补充的具体内容;②需要补正的证明材料;③合理的补正期限;④逾期未补正的法律后果。补正期限从申请人收到补正通知之日起计算。申请人应当在补正期限内向行政复议机构提交需要补正的材料。无正当理由逾期不补正的,视为申请人放弃行政复议申请。补正申请材料所用时间不计入行政复议审理期限。

(6)行政复议管辖:申请人就同一事项向两个或者两个以上有权受理的行政机关申请行政复议的,由最先收到行政复议申请的行政机关受理;同时收到行政复议申请的,由收到行政复议申请的行政机关在10日内协商确定;协商不成的,由其共同上一级行政机关在10日内指定受理机关。协商确定或指定受理机关所用时间不计入行政复议审理期限。

（7）行政复议决定：行政复议机关应当自受理申请之日起六十日内作出行政复议决定；但是法律规定的行政复议期限少于六十日的除外。情况复杂，不能在规定期限内作出行政复议决定的，经行政复议机关的负责人批准，可以适当延长，并告知申请人和被申请人；但是延长期限最多不超过三十日。行政复议机关作出行政复议决定，应当制作行政复议决定书，并加盖印章。行政复议决定书一经送达，即发生法律效力。

法律政策依据

《行政复议法》第九条　公民、法人或者其他组织认为具体行政行为侵犯其合法权益的，可以自知道该具体行政行为之日起六十日内提出行政复议申请；但是法律规定的申请期限超过六十日的除外。因不可抗力或者其他正当理由耽误法定申请期限的，申请期限自障碍消除之日起继续计算。

第十二条　对县级以上地方各级人民政府工作部门的具体行政行为不服的，由申请人选择，可以向该部门的本级人民政府申请行政复议，也可以向上一级主管部门申请行政复议。对海关、金融、国税、外汇管理等实行垂直领导的行政机关和国家安全机关的具体行政行为不服的，向上一级主管部门申请行政复议。

第三十一条　行政复议机关应当自受理申请之日起六十日内作出行政复议决定；但是法律规定的行政复议期限少于六十日的除外。情况复杂，不能在规定期限内作出行政复议决定的，经行政复议机关的负责人批准，可以适当延长，并告知申请人和被申请人；但是延长期限最多不超过三十日。行政复议机关作出行政复议决定，应当制作行政复议决定书，并加盖印章。行政复议决定书一经送达，即发生法律效力。

《人力资源社会保障行政复议办法》第十四条　对县级以上人力资源社会保障行政部门的具体行政行为不服的，可以向上一级人力资源社会保障行政部门申请复议，也可以向该人力资源社会保障行政部门的本级人民政府申请行政复议。对人力资源社会保障部作出的具体行政行为不服的，向人力资源社会保障部申请行政复议。

第十九条　公民、法人或者其他组织认为人力资源社会保障部门作出的具体行政行为侵犯其合法权益的，可以自知道该具体行政行为之日起60日内提出行政复议申请。

前款规定的行政复议申请期限依照下列规定计算：（一）当场作出具体行政行为的，自具体行政行为作出之日起计算；（二）载明具体行政行为的法律文书直接送达的，自受送达人签收之日起计算；（三）载明具体行政行为的法律文书依法留置送达的，自送达人和见证人在送达回证上签注的留置送达之日起计算；（四）载明具体行政行为的法律文书邮寄送达的，自受送达人在邮件签收单上签收之日起计算；没有邮件签收单的，自受送达人在送达回执上签名之日起计算；（五）具体行政行为依法通过公告形式告知受送达人的，自公告规定的期限届满之日起计算；（六）被申请人作出具体行政行为时未告知公民、法人或者其他组织，事后补充告知的，自该公民、法人或者其他组织收到补充告知的通知之日起计算；（七）被申请人有证据材料能够证明公民、法人或者其他组织知道该具体行政行为的，自证据材料证明其知道具体行政行为之日起计算。人力资源社会保障部门作出具体行政行为，依法应当向有关公民、法人或者其他组织送达法律文书而未送达的，视为该公民、法人或者其他组织不知道该具体行政行为。申请人因不可抗力或者其他正当理由耽误法定申请期限的，申请期限自原因消除之日起继续计算。

第二十一条　申请人书面申请行政复议的，可以采取当面递交、邮寄或者传真等方式递交行政复议申请书。有条件的行政复议机构可以接受以电子邮件形式提出的行政复议申请。对采取传真、电子邮件方式提出的行政复议申请，行政复议机构应当告知申请人补充提交证明其身份以及确认申请书真实性的相关书面材料。

第二十六条　行政复议机构收到行政复议申请后，应当在5日内进行审查，按照下列情况分别作出处理：

（一）对符合行政复议法实施条例第二十八条规定条件的，依法予以受理，制作《行政复议受理通知书》和《行政复议提出答复通知书》，送达申请人和被申请人；（二）对符合本办法第七条规定的行政复议范围，但不属于本机关受理范围的，应当书面告知申请人向有关行政复议机关提出；（三）对不符合法定受理条件的，应当作出不予受理决定，制作《行政复议不予受理决定书》，送达申请人，该决定书中应当说明不予受理的理由和依据。对不符合前款规定的行政复议申请，行政复议机构应当将有关处理情况告知申请人。

第二十八条　依照行政复议法实施条例第二十九条的规定，行政复议申请材料不齐全或者表述不清楚的，行政复议机构可以向申请人发出补正通知，一次性告知申请人需要补正的事项。补正通知应当载明下列事项：（一）行政复议申请书中需要修改、补充的具体内容；（二）需要补正的证明材料；（三）合理的补正期限；（四）逾期未补正的法律后果。补正期限从申请人收到补正通知之日起计算。无正当理由逾期不补正的，视为申请人放弃行政复议申请。申请人应当在补正期限内向行政复议机构提交需要补正的材料。补正申请材料所用时间不计入行政复议审理期限。

《中华人民共和国行政复议法实施条例》第二十九条　行政复议申请材料不齐全或者表述不清楚的，行政复议机构可以自收到该行政复议申请之日起5日内书面通知申请人补正。补正通知应当载明需要补正的事项和合理的补正期限。无正当理由逾期不补正的，视为申请人放弃行政复议申请。补正申请材料所用时间不计入行政复议审理期限。

第三十条　申请人就同一事项向两个或者两个以上有权受理的行政机关申请行政复议的，由最先收到行政复议申请的行政机关受理；同时收到行政复议申请的，由收到行政复议申请的行政机关在10日内协商确定；协商不成的，由其共同上一级行政机关在10日内指定受理机关。协商确定或者指定受理机关所用时间不计入行政复议审理期限。

96. 什么是行政诉讼

行政诉讼是诉权的一种,是行政活动中的权利主体按照法律预设的程序,请求人民法院对有关行政争议作出裁判的程序权利。行政诉讼是公民、法人或其他组织认为行政机关的具体行政行为侵犯其合法权益,依法行使行政诉权向人民法院提起诉讼,由人民法院进行审理并作出判决的制度。行政诉讼的核心是审查具体行政行为的合法性。

法律政策依据

《行政诉讼法》第二条 公民、法人或者其他组织认为行政机关和行政机关工作人员的行政行为侵犯其合法权益,有权依照本法向人民法院提起诉讼。前款所称行政行为,包括法律、法规、规章授权的组织作出的行政行为。

97. 行政诉讼的程序要求

(1)受案范围:行政诉讼受案范围与劳动保障监察有关的情形主要有三种:①对拘留、罚款、吊销许可证和执照、责令停产停业、没收财物等行政处罚不服;②申请行政机关履行保护人身权、财产权的法定职责,行政机关拒绝履行或者不予答复的;③认为行政机关侵犯其他人身权、财产权的。

(2)管辖:与劳动保障监察有关的行政诉讼中,一般是由最初作出具体行政行为的人力资源社会保障行政部门所在地人民法院管辖。经复议的案件,也可以由复议机关所在地人民法院管辖。

作出原行政行为的行政机关和复议机关为共同被告的,以作出原行政行为的行政机关确定案件的级别管辖。

(3)原告:行政行为的相对人以及其他与行政行为有利害关系的公民、法人或者其他组织,有权提起诉讼。

有权提起诉讼的公民死亡,其近亲属可以提起诉讼。

有权提起诉讼的法人或者其他组织终止，承受其权利的法人或者其他组织可以提起诉讼。

（4）被告：公民、法人或者其他组织直接向人民法院提起诉讼的，作出行政行为的行政机关是被告。

经复议的案件，复议机关决定维持原行政行为的，作出原行政行为的行政机关和复议机关是共同被告。原告只起诉作出原行政行为的行政机关或者复议机关的，人民法院应当告知原告追加被告。原告不同意追加的，人民法院应当将另一机关列为共同被告。

复议机关改变原行政行为的，复议机关是被告。

复议机关在法定期限内未作出复议决定，公民、法人或者其他组织起诉原行政行为的，作出原行政行为的行政机关是被告；起诉复议机关不作为的，复议机关是被告。

（5）起诉期限：公民、法人或者其他组织不服复议决定的，可以在收到复议决定书之日起十五日内向人民法院提起诉讼。复议机关逾期不作决定的，申请人可以在复议期满之日起十五日内向人民法院提起诉讼。法律另有规定的除外。

公民、法人或者其他组织直接向人民法院提起诉讼的，应当自知道或者应当知道作出行政行为之日起六个月内提出。法律另有规定的除外。

（6）举证：被告对作出的行政行为负有举证责任，应当提供作出该行政行为的证据和所依据的规范性文件。被告不提供或者无正当理由逾期提供证据，视为没有相应证据。但是，被诉行政行为涉及第三人合法权益，第三人提供证据的除外。在诉讼过程中，被告及其诉讼代理人不得自行向原告、第三人和证人收集证据。

（7）判决：人民法院应当在立案之日起六个月内作出第一审判决。有特殊情况需要延长的，由高级人民法院批准，高级人民法院审理第一审案件需要延长的，由最高人民法院批准。

案例选读：行政复议案件被起诉

某企业对某市人力资源社会保障局行政处罚决定不服，以处罚过重为由，向该省人力资源社会保障厅申请行政复议。该省人力资源社会保障厅受理后，依法作出行政复议决定书，维持了行政处罚决定。该企业不服行政复议决定，于收到行政复议决定之日起5日后，以某省人力资源社会保障厅和某市人力资源社会保障局为共同被告，起诉至该市人力资源社会保障局所在区人民法院。该区人民法院依法受理此案。

法律政策依据

《行政诉讼法》第十八条　行政案件由最初作出行政行为的行政机关所在地人民法院管辖。经复议的案件，也可以由复议机关所在地人民法院管辖。

第二十五条　行政行为的相对人以及其他与行政行为有利害关系的公民、法人或者其他组织，有权提起诉讼。有权提起诉讼的公民死亡，其近亲属可以提起诉讼。有权提起诉讼的法人或者其他组织终止，承受其权利的法人或者其他组织可以提起诉讼。

第二十六条　公民、法人或者其他组织直接向人民法院提起诉讼的，作出行政行为的行政机关是被告。经复议的案件，复议机关决定维持原行政行为的，作出原行政行为的行政机关和复议机关是共同被告；复议机关改变原行政行为的，复议机关是被告。复议机关在法定期限内未作出复议决定，公民、法人或者其他组织起诉原行政行为的，作出原行政行为的行政机关是被告；起诉复议机关不作为的，复议机关是被告。两个以上行政机关作出同一行政行为的，共同作出行政行为的行政机关是共同被告。行政机关委托的组织所作的行政行为，委托的行政机关是被告。行政机关被撤销或者职权变更的，继续行使其职权的行政机关是被告。经最高人民法院批准，高级人民法院可以根据审判工作的实际情况，确定若干人民法院跨行政区域管辖行政案件。

第三十四条　被告对作出的行政行为负有举证责任，应当提供作出该行政行为的证据和所依据的规范性文件。被告不提供或者无正当理由逾期提供证据，视为没有相应证据。但是，被诉行政行为涉及第三人合法权益，第三人提供证据的除外。

第三十五条　在诉讼过程中，被告及其诉讼代理人不得自行向原告、第三人和证人收集证据。

第四十五条　公民、法人或者其他组织不服复议决定的，可以在收到复议决定书之日起十五日内向人民法院提起诉讼。复议机关逾期不作决定的，申请人可以在复议期满之日起十五日内向人民法院提起诉讼。法律另有规定的除外。

第四十六条　公民、法人或者其他组织直接向人民法院提起诉讼的，应当自知道或者应当知道作出行政行为之日起六个月内提出。法律另有规定的除外。因不动产提起诉讼的案件自行政行为作出之日起超过二十年，其他案件自行政行为作出之日起超过五年提起诉讼的，人民法院不予受理。

第八十一条　人民法院应当在立案之日起六个月内作出第一审判决。有特殊情况需要延长的，由高级人民法院批准，高级人民法院审理第一审案件需要延长的，由最高人民法院批准。

《最高人民法院关于适用〈中华人民共和国行政诉讼法〉若干问题的解释》（法释〔2015〕9号）第七条　复议机关决定维持原行政行为的，作出原行政行为的行政机关和复议机关是共同被告。原告只起诉作出原行政行为的行政机关或者复议机关的，人民法院应当告知原告追加被告。原告不同意追加的，人民法院应当将另一机关列为共同被告。

第八条　作出原行政行为的行政机关和复议机关为共同被告的，以作出原行政行为的行政机关确定案件的级别管辖。

98. 行政复议和行政诉讼的联系和区别

（1）相同点：第一，两者产生的根源相同。两者都源于行政争议的存在，都是解决行政纠纷的法律制度。第二，目的和作用相同。两者都是为了保护行政相对人和其他与行政行为有利害关系人的合法权益，维护和监督行政机关依法行政。第三，审查对象重合。两者都是对行政机关的具体行政行为进行审查。第四，形成的条件相同，两者都因公民、法人或其他组织的请求而起，都是一种依申请的行为。第五，法律关系都表现为三方性。行政复议机关和人民法院都是以裁判者身份对行政机关和公民、法人或其他组织之间的行政争议作出决定或判决。

（2）不同点，第一，对调解的适用原则不同。行政诉讼不适用调解，而行政复议在特定的情况下可以适用调解方式结案。第二，审理机关不同。行使行政诉讼审判权的是司法机关，而行使行政复议审理权的是行政机关。第三，适用程序不同，行政诉讼适用《行政诉讼法》规定的诉讼程序，而行政复议适用《行政复议法》规定的行政复议程序。第四，审查范围不同。行政诉讼只审查具体行政行为，而行政复议除审查具体行政行为外，还可以一并审查行政机关具体行政行为所依据的相关规定的合法性。第五，法律效力的终局性不同。行政诉讼对行政争议的处理具有最终的法律效力，而行政复议一般不具有最终的法律效力。

💡 法律政策依据

《行政复议法》第二条　公民、法人或者其他组织认为具体行政行为侵犯其合法权益，向行政机关提出行政复议申请，行政机关受理行政复议申请、作出行政复议决定，适用本法。

第六条　有下列情形之一的，公民、法人或者其他组织可以依照本法申请行政复议：（一）对行政机关作出的警告、罚款、没收违法所得、没收非法财物、责令停产停业、暂扣或者吊销许可证、暂扣或者吊销执照、行政拘留等行政处罚决定不服的；（二）对行政机关作出的限制人身自由或者查封、扣押、冻结财产等行政强制措施决定不服的；（三）对行政机关作出的有关许可证、执照、资质证、资格证等证书变更、中止、撤销的决定不服的；（四）对行政机关作出的关于确认土地、矿藏、水流、森林、山岭、草原、荒地、滩涂、海域等自然资源的所有权或者使用权的决定不服的；（五）认为行政机关侵犯合法的经营自主权的；（六）认为行政机关变更或者废止农业承包合同，侵犯其合法权益的；（七）认为行政机关违法集资、征收财物、摊派费用或者违法要求履行其他义务的；（八）认为符合法定条件，申请行政机关颁发许可证、执照、资质证、资格证等证书，或者申请行政机关审批、登记有关事项，行政机关没有依法办理的；（九）申请行政机关履行保护人身权利、财产权利、受教育权利的法定职责，行政机关没有依法履行的；（十）申请行政机关依法发放抚恤金、社会保险金或者最低生活保障费，行政机关没有依法发放的；（十一）认为行政机关的其他具体行政行为侵犯其合法权益的。

第七条　公民、法人或者其他组织认为行政机关的具体行政行为所依据的下列规定不合法，在对具体行政行为申请行政复议时，可以一并向行政复议机关提出对该规定的审查申请：（一）国务院部门的规定；（二）县级以上地方各级人民政府及其工作部门的规定；（三）乡、镇人民政府的规定。前款所列规定不含国务院部、委员会规章和地方人民政府规章。规章的审查依照法律、行政法规办理。

《行政诉讼法》第二条　公民、法人或者其他组织认为行政机关和行政机关工作人员的行政行为侵犯其合法权益，有权依照本法向人民法院提起诉讼。前款所称行政行为，包括法律、法规、规章授权的组织作出的行政行为。

第十二条　人民法院受理公民、法人或者其他组织提起的下列诉讼：（一）对行政拘留、暂扣或者吊销许可证和执照、责令停产停业、没收违法所得、没收非法财物、罚款、警告等行政处罚不服的；（二）对限制人身自由或者对财产的查封、扣押、冻结等行政强制措施和行政强制执行不服的；（三）申请行政许可，行政机关拒绝或者在法定期限内不予答复，或者对行政机关作出的有关行政许可的其他决定不服的；（四）对行政机关作出的关于确认土地、矿藏、水流、森林、山岭、草原、荒地、滩涂、海域等自然资源的所有权或者使用权的决定不服的；（五）对征收、征用决定及其补偿决定不服的；（六）申请行政机关履行保护人身权、财产权等合法权益的法定职责，行政机关拒绝履行或者不予答复的；（七）认为行政机关侵犯其经营自主权或者农村土地承包经营权、农村土地经营权的；（八）认为行政机关滥用行政权力排除或者限制竞争的；（九）认为行政机关违法集资、摊派费用或者违法要求履行其他义务的；（十）认为行政机关没有依法支付抚恤金、最低生活保障待遇或者社会保险待遇的；（十一）认为行政机关不依法履行、未按照约定履行或者违法变更、解除政府特许经营协议、土地房屋征收补偿协议等协议的；（十二）认为行政机关侵犯其他人身权、财产权等合法权益的。除前款规定外，人民法院受理法律、法规规定可以提起诉讼的其他行政案件。

《中华人民共和国行政复议法实施条例》（中华人民共和国国务院令第499号）第五十条 有下列情形之一的，行政复议机关可以按照自愿、合法的原则进行调解：（一）公民、法人或者其他组织对行政机关行使法律、法规规定的自由裁量权作出的具体行政行为不服申请行政复议的；（二）当事人之间的行政赔偿或者行政补偿纠纷。当事人经调解达成协议的，行政复议机关应当制作行政复议调解书。调解书应当载明行政复议请求、事实、理由和调解结果，并加盖行政复议机关印章。行政复议调解书经双方当事人签字，即具有法律效力。调解未达成协议或者调解书生效前一方反悔的，行政复议机关应当及时作出行政复议决定。

第五编 实务要领之四：执行、结案与归档

导读

　　劳动保障监察行政处罚和行政处理决定作出并经送达后即产生法律效力，当事人应当自动履行。在法定行政复议和行政诉讼期内，劳动保障监察机构要定期检查履行情况，并加以督促和告诫。在法定履行期内，受处罚当事人确有经济困难，需要延期或者分期缴纳罚款的，应当向人力资源社会保障行政部门提出申请，人力资源社会保障行政部门应当进行严格审查，并作出相应决定。实施行政处罚和缴纳罚款必须严格分离，所有罚款通过财政部门全部上缴国库。

99. 劳动保障监察案件执行的要求

劳动保障监察案件的执行是一种行政强制执行措施，是指当事人拒不履行行政机关已生效的具体行政行为所确定的义务，没有行政强制执行权的行政机关（申请人）依法向人民法院申请，由人民法院依法对当事人（被申请人）采取强制措施，迫使其履行义务或达到与履行义务相同状态的一种法律制度。劳动保障监察案件的执行由人力资源社会保障行政部门依法申请人民法院强制执行。强制执行的内容为人力资源社会保障行政部门作出的行政处罚决定、责令支付劳动者工资报酬、赔偿金或者征缴社会保险费等行政处理决定。

法律政策依据

《关于实施〈劳动保障监察条例〉若干规定》第四十四条　当事人对劳动保障行政部门作出的行政处罚决定、责令支付劳动者工资报酬、赔偿金或者征缴社会保险费等行政处理决定逾期不履行的，劳动保障行政部门可以申请人民法院强制执行，或者依法强制执行。

100. 申请法院强制执行的情形和条件

申请法院强制执行应具备的一定的条件：（1）依法可以由人民法院强制执行。劳动保障监察申请强制执行的内容一般为劳动保障行政部门作出的行政处罚决定、责令支付劳动者工资报酬、赔偿金或者征缴社会保险费等行政处理决定。（2）已经生效并具备可执行内容。当事人对人力资源社会保障行政部门作出的行政处罚决定、责令支付劳动者工资报酬、赔偿金或者征缴社会保险费等行政处理决定在法定期限内不申请行政复议或者提起行政诉讼，又不履行行政决定的,人力资源社会保障行政部门可以依法向法院申请强制执行。(3)申请人是做出该行政处理(行政处罚)决定的合法主体。(4)被申请人是该行政处理(行政处罚)决定所确定的义务人。(5)在申请强制执行前,经催告被申请人履行义务,被申请人仍未履行义务的。申请强制执行前,应当催告当事人履行义务。催告书送达十日后当事人仍未履行义务的,可以向有管辖权的法院申请强制执行。一般向行政机关所在地的基层人民法院申请,若执行对象是不动产的,则应向不动产所在地的基层人民法院申请。

申请强制执行应该自法定期限届满之日起三个月内提出。申请强制执行提供下列材料:(1)强制执行申请书,行政机关负责人签名,加盖行政机关印章,注明日期;(2)行政处罚(处理)决定书及作出决定的事实、理由和依据;(3)当事人意见及行政机关催告情况;(4)申请强制执行标的情况;(5)法律、行政法规规定的其他材料。

法律政策依据

《中华人民共和国行政强制法》

第三十五条 行政机关作出强制执行决定前,应当事先催告当事人履行义务。催告应当以书面形式作出,并载明下列事项:

(一)履行义务的期限;

(二)履行义务的方式;

(三)涉及金钱给付的,应当有明确的金额和给付方式;

(四)当事人依法享有的陈述权和申辩权。

第五十三条 当事人在法定期限内不申请行政复议或者提起行政诉讼,又不履行行政决定的,没有行政强制执行权的行政机关可以自期限届满之日起三个月内,依照本章规定申请人民法院强制执行。

第五十四条 行政机关申请人民法院强制执行前,应当催告当事人履行义务。催告书送达十日后当事人仍未履行义务的,行政机关可以向所在地有管辖权的人民法院申请强制执行;执行对象是不动产的,向不动产所在地有管辖权的人民法院申请强制执行。

第五十五条 行政机关向人民法院申请强制执行,应当提供下列材料:

(一)强制执行申请书;

(二)行政决定书及作出决定的事实、理由和依据;

(三)当事人的意见及行政机关催告情况;

(四)申请强制执行标的情况;

(五)法律、行政法规规定的其他材料。

强制执行申请书应当由行政机关负责人签名,加盖行政机关的印章,并注明日期。

101. 结案的情形和条件

劳动监察案件经调查后,作出以下处理之一的可以依法结案:(1)依法做出行政处罚(处理)决定并送达当事人;(2)依法限期责令改正,当事人在期限内依法改正的;(3)依法撤销立案的。撤销立案的情形包括下列行为:①违法事实不能成立的; ②违法情节轻微,且已改正的;③被调查用人单位依法宣告破产、解散、关闭,没有财产进行分配,又没有相关义务承受人的;④不属于立案的劳动保障行政部门管辖的;⑤不属于劳动保障部门监察职权范围的;⑥根据《关于实施〈劳动保障监察条例〉若干规定》第十五条应当由劳动争议处理或诉讼程序办理的;⑦违反劳动保障法律、法规或者规章的行为发生超过2年的;⑧其他法律法规规章规定应当撤销立案的情形。(4)违法案件不属于劳动保障监察事项,依法移送有关部门处理;涉嫌犯罪,依法移送司法机关立案处理的。

💡法律政策依据

《关于实施《劳动保障监察条例》若干规定》

第三十五条 劳动保障行政部门对违反劳动保障法律的行为,根据调查、检查的结果，作出以下处理：

（一）对依法应当受到行政处罚的，依法作出行政处罚决定；

（二）对应当改正未改正的，依法责令改正或者作出相应的行政处理决定；

（三）对情节轻微，且已改正的，撤销立案。

经调查、检查，劳动保障行政部门认定违法事实不能成立的，也应当撤销立案。

发现违法案件不属于劳动保障监察事项的，应当及时移送有部门处理；涉嫌犯罪的，应当依法移送司法机关。

劳动保障部《关于劳动保障监察案件撤销立案事项的通知》

劳动保障行政部门劳动保障监察案件立案后经调查，对有下列情形之一的，可以撤销立案。

（一）违法事实不能成立的；

（二）违法情节轻微，且已改正的；

（三）被调查用人单位依法宣告破产、解散、关闭，没有财产进行分配，又没有相关义务承受人的；

（四）不属于立案的劳动保障行政部门管辖的；

（五）不属于劳动保障部门监察职权范围的；

（六）根据《关于实施〈劳动保障监察条例〉若干规定》第十五条应当由劳动争议处理或诉讼程序办理的；

（七）违反劳动保障法律、法规或者规章的行为发生超过2年的；

（八）其他法律法规规章规定应当撤销立案的情形。

102. 结案的程序要求

对依法将责令限期改正作为行政处罚前置程序的案件，当事人在规定期限内纠正违法行为的，由案件承办人员汇总有关证据和材料，填写《劳动保障监察结案审批表》，报监察机构负责人审批结案。向当事人送达《当场处罚决定书》《行政处理决定书》和《行政处罚决定书》等文书后，案件承办人员应及时填写《劳动保障监察结案审批表》，报监察机构负责人审批结案。作出撤销立案决定或不予处罚决定的，视为结案。劳动保障监察员应该填写《结案审批表》，连同案卷材料一并报监察机构负责人审批，经审批通过后结案。

103. 劳动保障监察文书的作用和意义

劳动保障监察文书是指劳动保障监察机构应用有关劳动保障法律、法规、规章和其他规范性文件处理劳动保障违法案件过程中依法制作的具有法律效力或法律意义的文书的总称。其根本作用在于保证法律的具体实施。执法人员必须按照法律规定的程序、方式、步骤和格式等要求来制作执法文书，准确无误地适用法律，使法律规定切实地得以实现。主要作用体现在以下几方面：（1）执法文书是实施法律的重要手段。劳动保障监察机构在具体的行政执法活动中，依法制作相应的执法文书，把法律规定适用于具体案件，这就是具体实施法律。（2）执法文书是办案活动的记录和凭证。执法人员在办理各种具体案件中，每一个步骤或环节都要制作相应的执法文书，如实地记录办案活动。（3）执法文书是考察执法人员素质的重要尺度。执法文书可以反映执法人员办案质量的优劣，而办案质量又是执法人员素质的真实反映。执法文书的质量问题就绝不仅仅是一个驾驭语言文字的水平问题，而是全面反映执法人员观察问题、分析问题、解决问题的能力，以及思想作风和业务水平高低的问题，从而为考察执法人员的素质提供了依据。（4）执法文书是国家的重要档案。执法文书是反映社会的一面镜子，它真实地反映了当时的各种社会关系、国家政策法律执行情况等。执法文书应作为重要档案保存。同时，执法文书所确立的典型案例，对今后同类案件的处理具有一定的参照价值，在一定程度上带有判例法的作用。

104. 文书制作的基本规范

劳动保障监察文书制作应在格式、内容、语言、填写方面遵循基本的规范。

（1）格式：必须按照格式统一文书名称，统一编制文号，每一部分要写清必备的要素，准确引用所依据的法律条文，作出符合法律规定的结论。

（2）内容：第一，文书的项目填写要齐全。在制作行政执法文书时，文字中的项目都必须按要求填写齐全，不能空缺。若有空缺，可能会丧失某种重要信息，严重时则可造成所做的文书无效，例如《现场检查笔录》《调查笔录》没有被检查人、被检查人签字就不能成为有效地笔录。第二，文书的正文（实体内容）书写要严谨。描述事实要客观真实，引用法律要准确完整，行政决定量罚幅度要适当。

（3）语言：第一，要使用公文语体。语言必须规范、严谨，使用准确，不能渲染、虚饰、比喻和夸张，应直截了当，文字平实。第二，语言要庄重、严肃，力求"法言法语"，尽量避免口语、方言和文学语言。第三，语言要科学。由于行政执法文书是具有较强专业性、技术性的法律文书，在制作过程时应适当地运用法律名词和专业术语，使其更加严谨科学和规范。第四，语言要完整。文书中出现的各种名称，如法律名称、单位名称或当事人名称以及物品名称等应使用全称，不得随意省略和使用代号。第五，文书结构要有逻辑性。首先要注意叙述事实本身的逻辑性，事实的前因后果、来龙去脉要层次分明，使人看得清楚。其次要注意事实、理由、结论之间的逻辑关系，事实、理由和结论之间要互相印证，一环扣一环，使其顺理成章，无懈可击，同时防止前后矛盾、牵强附会。第六，标点符号使用正确。

（4）填写：在不具备计算机打印的情况下，填写执法文书应当使用蓝黑色、黑色钢笔或者签字笔，要求字迹清楚，文字规范，用词准确，标点正确。

105. 告知书的撰写

告知书适用于对投诉人的书面告知。告知书应列明投诉人姓名和证件号码,并写明告知事由。主要包括7类情形:(1)投诉事项不属于劳动保障监察职权范围;(2)投诉事项不属于管辖范围;(3)投诉事项应当依照劳动争议处理或者诉讼程序办理;(4)补正有关投诉材料;(5)已作出撤销立案决定;(6)已依法作出行政处理(处罚)决定;(7)其他需要告知的情形。

告知书加盖行政机关公章或劳动保障监察专用章,注明年月日,一式两份,正本送达投诉人,副本留存。

文本样式

<u>　　　　　　</u>人力资源和社会保障厅（局）

劳动保障监察告知书

×告字〔　　〕第　　号

<u>　　　　　　　　　　</u>：

我厅（局）于<u>　　</u>年<u>　　</u>月<u>　　</u>日接到你关于<u>　　　　　　　　　　</u>

<u>　　　　　　　　　　　　　　　　　　　　　　　　　　　　　　</u>的投诉。根据国务院《劳动保障监察条例》《关于实施〈劳动保障监察条例〉若干规定》（劳动和社会保障部令第 25 号）的有关规定，现对以下第<u>　　　</u>项内容予以告知。

1. 投诉事项不属于劳动保障监察职权范围；

2. 投诉事项不属于本厅（局）管辖范围，建议向<u>　　　　　</u>提出；

3. 投诉事项应当依照劳动争议处理或者诉讼程序办理；

4. 补正<u>　　　　　　　　　　　　　</u>等投诉材料；

5. 因<u>　　　　　　　　　</u>，已作出撤销立案决定；

6. 已依法作出行政处理（处罚）决定。

7. <u>　　　　　　　　　　　　　　　　　　　</u>。

<u>　　　　</u>（注：劳动保障监察机构名称）地址：<u>　　　　　　　</u>

电话：<u>　　　　　　　　</u>　　邮编：<u>　　　　　　　　</u>

人力资源和社会保障行政部门印章（或劳动保障监察专用章）

年　　月　　日

<u>正　本（副本）</u>

被告知人（签名）：

106. 不予受理投诉决定书的撰写

不予受理投诉决定书适用于对属于劳动监察受理事项，但是超过受理时效的告知。对违反劳动保障法律的行为超过 2 年的，劳动保障行政部门应当在接到投诉之日起 5 个工作日内决定不予受理，并书面告知投诉人。

告知书应列明投诉人姓名和证件号码，并写明投诉人投诉日期、投诉事项和超过时效的认定结论。同时告知投诉人行政复议和行政诉讼的权利，加盖行政机关公章或劳动保障监察专用章，注明年月日，一式两份，正本送达投诉人，副本留存。

有多个投诉人的，应分别制发送达，有推荐代表的集体投诉除外。

文本样式

_____人力资源和社会保障厅（局）
劳动保障监察不予受理投诉决定书

× 不受字〔　　〕第　号

_____：

你于____年___月___日投诉的_____

_____

事项，经审查，因投诉的违法行为已超过 2 年，根据《关于实施〈劳动保障监察条例〉若干规定》（劳动和社会保障部令第 25 号）第十八条规定，决定不予受理。

你如对本不予受理决定书不服，可在接到本决定书之日起六十日内向_____或_____申请行政复议，也可在六个月内直接向_____人民法院提起诉讼。

人力资源和社会保障行政部门印章（或劳动保障监察专用章）
年　　月　　日

正　本（副本）

投诉人（签名）：

107. 如何填写立案审批表

劳动保障监察员对受理的案件进行初步调查，符合立案条件的，应填写立案审批表进行立案审批。立案审批表应注明案由、涉案单位名称、涉案单位基本信息、案件来源，基本事实及法律依据，由主办监察员提出是否立案意见，报监察机构负责人审批。

文本样式

<u>　　　　　</u>人力资源和社会保障厅（局）

劳动保障监察立案审批表

×案字〔　　〕第　　号

案由	
涉案单位（或个人）名称	

组织机构代码		住所		法定代表人（负责人）	
单位性质				联系电话	

案件来源	□日常巡视检查　□书面审查　□举报　□投诉　□其他（　　）
基本事实及法律依据	
主办监察员意见	年　月　日
监察机构负责人意见	年　月　日
备注	

108. 如何制作调查询问书

案件调查过程中，必要时，监察机构可以向用人单位发出调查询问书。询问书应注明要求单位接受调查的时间、地点，列明需要提供的有关材料清单。一式两份，加盖劳动保障监察专用章，注明年月日，一式两份，正本送达投诉人，副本留存。

文本样式

_____人力资源和社会保障厅（局）
劳动保障监察调查询问书

×询字〔　〕第　号

_____：

根据《劳动法》《劳动保障监察条例》，我厅（局）对你单位遵守劳动保障法律、法规和规章的情况实施劳动保障监察。请你单位的法定代表人（负责人）或授权委托的人于____年___月___日___时到_____（注：劳动保障监察机构名称）接受调查询问，并携带下列第_____项材料：

1. 营业执照（法人登记证）副本和组织机构代码证副本；
2. 法定代表人（负责人）身份证明或授权委托书（附后）；
3. 劳动保障书面审查资料；
4. 职工花名册和劳动合同签订材料；
5. 社会保险登记证和缴费基数申报凭证；
6. _____职工考勤资料；
7. _____职工工资表；
8. _____方面规章制度；
9. _____；
10. _____。

不按本调查询问书要求接受调查询问的，将依据《劳动保障监察条例》第三十条规定处理。

_____（注：劳动保障监察机构名称）地址：_____
电话：_____　邮编：_____

劳动保障监察专用章
年　月　日

<u>正本（副本）</u>

109. 制作调查笔录时的注意事项

调查笔录内容应首先记载劳动保障监察员出示证件和表明身份活动的过程，如"我们是××机构的劳动保障监察员××和××，这是我们的证件……"。笔录应核实被调查人身份。记录应采取问答式，调查人应根据需要提问，记录人应当忠实记录原意，不得随意增删和更改。询问笔录应具体详细，涉及关键事实和重要线索的，应尽量记录原话，不得使用推测性词句，以免发生歧义。一般每份笔录只应记录询问一名被询问人的情况。

询问结束后，笔录应交被询问人核对，没有阅读能力的，要向其宣读。如记载有差错或者遗漏，应当允许被询问人更正或者补充，并在改正或者补充的文字上签名（盖章或捺指印）。核对笔录后应当要求被询问人在"被询问人意见"栏签署意见，签名（盖章或捺指印），写明时间。《询问笔录》首页未满，被询问人意见及签名（盖章或捺指印）应紧接笔录内容；首页不够用的，可接用《笔录续纸》，《笔录续纸》除最后一页被询问人意见及签名（盖章或捺指印）应紧接笔录内容外，其他页应在每页末尾右下角签名（盖章或捺指印）。

被询问人拒绝签名（盖章或捺指印），应在笔录尾部注明情况，并由在场人员签名。

文本样式

_____人力资源和社会保障厅（局）

劳动保障监察询问笔录（首页）

时间：_____年_____月_____日_____时_____分至_____时_____分

地点：_____

被询问人姓名：_____性别：_____

身份证件种类：_____号码：☐☐☐☐☐☐☐☐☐☐☐☐☐☐☐☐☐☐

工作单位：_____职务：_____

单位地址：_____邮编：_____电话：_____

询问监察员姓名：_____证号：_____

　　　　　　　　_____证号：_____

其他参加人：_____记录人：_____

笔录内容：

_____

_____

_____

_____

_____

共　页

监察员（签名）：　　　　　　　　　　　年　月　日

被询问人意见：　　　　　　被询问人（签章）：

　　　　　　　　　　　　　　　　　　　年　月　日

110. 调查报告书的撰写

案件调查结束后,主办监察员应制作调查报告书,作为调查终结的标志。调查报告书应简述案件调查经过,列明查证的主要事实和证据。《调查报告书》应包括以下内容:

（一）案号、案由和涉案单位名称；

（二）案件来源情况和立案调查过程；

（三）查明的事实及证明该事实的证据；

（四）初步处理建议。

文本样式

调查报告			
案由		涉案单位	
投诉人		承办人	
调查经过			
认定的事实和证据			
事实1		相关证据1	
事实2		相关证据2	
事实3		相关证据3	
……		……	
申报依据			
请批意见			
机构负责人意见			
机构负责人		审批结果		审批日期	

111. 如何制作证据先行登记保存通知书

制作证据先行登记保存通知书要注明证据保存期限、地点，登记保存的证据名称、数量必须详细具体，可根据需要对证据特征予以描述。实施证据先行登记保存时，必须有至少 2 名专职劳动保障监察员在场，并签字。当事人拒绝签名或盖章的，需由劳动保障监察员注明拒签情况并签字。

文本样式

_____人力资源和社会保障厅（局）

劳动保障监察证据先行登记保存通知书

×存通字〔　　〕第　　号

_____（单位或个人）：

根据《中华人民共和国行政处罚法》第三十七条第二款规定，现对你单位（或个人）的下列证据在____年____月____日至____年____月____日期间予以先行登记保存：

编　号	证据名称	数　量	备　注
1			
2			
3			
4			
5			
6			
7			
8			

保存地点：_____

先行登记保存期间内，当事人或者有关人员不得销毁或者转移证据，违者将依据《劳动保障监察条例》第三十条规定处理。期间届满，未对先行登记保存证据作出处理决定的，视为自动解除证据先行登记保存措施。

人力资源和社会保障行政部门印章

年　月　日

被调查检查人签名或者盖章：　　　　　　　年　月　日

劳动保障监察员签名：　　　　　　　　　　年　月　日

<u>正本（副本）</u>

112. 如何制作证据先行登记保存处理决定书

本文书适用于在证据先行登记保存期间内作出调取某项证据、解除证据先行登记保存措施或其他处理决定的情况。在实际使用时可以单独适用于调取证据或解除证据先行登记保存措施，也可以适用于在调取某几项证据的同时，解除其他证据的先行登记保存措施。文书应注明证据调取方式，可以由监察员到证据登记保存地点收集，也可要求被调查检查人将有关证据送至劳动保障监察机构。

文本样式

_____人力资源和社会保障厅（局）
劳动保障监察证据先行登记保存处理决定书
×劳社察存理字〔   〕第   号

_____：（单位或个人）

因调查需要，我厅（局）以×劳社察存通字〔   〕第×号《证据先行登记保存通知书》对你单位（或个人）有关证据予以先行登记保存。根据《中华人民共和国行政处罚法》第三十七条第二款、《关于实施〈劳动保障监察条例〉若干规定》（劳动和社会保障部令第25号）第二十八条第二款规定，作出以下第____项处理决定：

1. 按以下第_____项方式调取该《证据先行登记保存通知书》中编号____的证据_____。

（1）在证据先行登记地点当场调取。

（2）你单位（或个人）自收到本决定书之日起____个工作日内向我厅（局）提供。

对不按要求提供上述证据的，依据《劳动保障监察条例》第三十条的规定处理。

2. 解除对该《证据先行登记保存通知书》中编号_____的证据的先行登记保存措施。

3._____。

人力资源和社会保障行政部门印章
年   月   日

<u>正本（副本）</u>

被调查检查人签名或者盖章：   年   月   日

113. 讨论案件记录应把握的要点

讨论案件记录应由承办人先对案件调查情况、证据采集情况、拟作出处理情况进行简述，并提出案件争议焦点。参加讨论人应围绕案件争议焦点进行讨论，最后对讨论决定意见进行记录。

文本样式

_____人力资源和社会保障厅（局）
劳动保障监察讨论案件记录

案由：_____

集体讨论主持人姓名：_____职务：_____

参加集体讨论人员：_____

记录人：_____

集体讨论时间：____年____月____日____时____分至____时____分

集体讨论地点：_____

案件情况：_____

_____

违法事实：_____

_____

相关证据：_____

_____

处罚依据：_____

_____

集体讨论决定意见：_____

_____

114. 如何填写案件处理报批表

本文书适用于办案中需报批的事由，如下达限期改正指令书、行政处罚（处理）告知书、行政处理决定书、行政处罚决定书等。案件处理报批表应写明申报理由，包括办案简要经过、被处理单位名称、案由、违反劳动保障法律行为事实、被处理单位的陈述、处理依据等；注明申报依据，即本案适用的各项劳动保障法律法规；写明请批意见，即处理建议。需下发文书的，应随文书拟制初稿报劳动保障监察机构负责人同时审查签发。

文本样式

_____人力资源和社会保障厅（局）
劳动保障监察案件处理报批表

案号	
案由	
申报理由	
申报依据	
请批意见	监察员：　　　年　月　日
监察机构负责人意见	行政机关负责人意见
	年　月　日　　　　　　　　　年　月　日
备注	

115. 如何制作限期改正指令书

限期改正指令书应根据具体案情拟制，写明相对人违反劳动保障法律法规的简要事实，注明违反法律法规的具体条款和作出限期改正的法律依据，明确要求相对人改正的内容和期限，告知拒不履行的法律责任，加盖行政机关公章或劳动保障监察专用章，注明年月日，一式两份，正本送达投诉人，副本留存。

文本样式

_____人力资源和社会保障厅（局）

劳动保障监察限期改正指令书

×令字〔　　〕第　号

_____：

你（单位）在_____（劳动就业、劳动用工、工资分配、职业技能开发、社会保险等）方面，存在以下问题_____

_____，

违反了_____

_____。

根据_____，

_____。本厅（局）指令如下：

（改正内容、期限）_____

_____。

你单位应在_____年_____月_____日前将改正情况以书面形式报我厅。拒不履行本指令的，依据《劳动保障监察条例》第三十条第一款第（三）项规定处2 000元以上2万元以下的罚款。

人力资源和社会保障行政部门印章（或劳动保障监察专用章）

年　月　日

<u>正本（副本）</u>

116. 如何制作当场处罚决定书

对用人单位存在的违反劳动保障法律的行为事实确凿并有法定处理（处罚）依据，对公民处以50元以下、对法人或者其他组织处以1 000元以下罚款或者警告的行政处罚的，可以作出当场行政处罚决定。当场处罚决定书应载明当事人违法行为、行政处罚依据、罚款数额、时间、地点以及行政机关名称，并由执法人员签名或盖章。当场处罚决定书应事先印制预定格式并编号。执法人员使用时严格申领备案手续，作出决定后，应报所属行政机关备案。

文本样式

_____人力资源和社会保障厅（局）
劳动保障监察当场处罚决定书
（当事人收执）

×当罚字〔　　〕第　号

_____（单位或个人）：

　　组织代码或个人身份证号码：_____

　　（案由）_____

　　（认定的事实和证据）_____

你（单位）的行为违反了_____

　　根据（行政处罚依据）_____

本厅（局）决定给予下列处罚：_____

　　罚款按下列第_____项方式缴纳：

　　1.当场缴纳。

　　2.自即日起十五日内将罚款缴到_____，地址：_____账号：_____。逾期不缴纳罚款的，依据《行政处罚法》第五十一条第（一）项规定，每日按罚款数额的3%加处罚款。

　　你（单位）如对本处罚决定不服，可在接到本决定书之日起六十日内向_____或_____申请行政复议，也可以在六个月内直接向_____人民法院提起诉讼。

　　劳动保障监察员（签名）：　　　　处罚地点：

人力资源和社会保障行政部门印章
年　月　日

当事人（签名）：

117. 如何制作行政处罚（行政处理）告知书

行政处罚（行政处理）告知书应当告知作出行政处罚（行政处理）决定的事实、理由及依据，并告知当事人依法享有陈述申辩的权利。对属于《行政处罚法》第四十二条的重大行政处罚，应告知当事人有提起听证的权利。行政处罚（行政处理）告知书应加盖行政机关公章或劳动保障监察专用章，注明年月日，一式两份，正本送达投诉人，副本留存。

文本样式

_____人力资源和社会保障厅（局）

劳动保障监察行政处罚（行政处理）告知书

× 处告字〔　　〕第　　号

_____（单位或个人）：

经我厅（局）调查确认，你（单位）_____

违反了_____

根据_____

本厅（局）拟对你（单位）作出_____

的行政处罚（行政处理）。

根据《中华人民共和国行政处罚法》第三十一条、第四十二条（注：适用于重大处罚）和《劳动保障监察条例》第十九条规定，你（单位）有陈述申辩的权利和要求听证的权利（注：适用于重大处罚）。你（单位）可于____年____月____日前向我厅（局）书面或口头进行陈述和申辩。（如要求听证，应在收到本告知书之日起____日内书面或口头向我厅（局）提出，逾期视为放弃该权利。注：适用于重大处罚）

地址：_____ 邮编：_____

联系人：_____ 电话：_____

　　　　人力资源和社会保障行政部门印章（或劳动保障监察专用章）

　　　　　　　　　　　　　　　　　　　年　　月　　日

<u>正本（副本）</u>

118. 如何制作行政处理决定书

行政处理决定书适用于责令支付劳动者工资报酬、赔偿金或者征缴社会保险费等情形。文书根据具体案情拟制打印，应载明以下事项：

（一）当事人的姓名或者名称、地址；

（二）违反法律、法规或者规章的事实和证据；

（三）行政处理的金额和依据；

（四）履行方式和期限；

（五）不服行政处理决定，申请行政复议或者提起行政诉讼的途径和期限；

（六）作出行政处罚决定的行政机关名称和作出决定的日期。

加盖行政机关公章一式两份，正本送达投诉人，副本留存。

文本样式

_____人力资源和社会保障厅（局）
劳动保障监察行政处理决定书

×理字〔 〕第 号

_____（单位或个人）：

组织代码或个人身份证号码：_____

（案由）_____

（认定的事实和证据）_____

_____

你单位的行为违反了_____

根据（行政处理依据）_____

本厅（局）作出行政处理决定如下：（行政处理内容，履行清偿财产义务的方式和期限）_____

拒不履行本行政处理决定的，依据《劳动保障监察条例》第三十条第一款第（三）项规定处 2 000 元以上 2 万元以下的罚款。

你（单位）如对本行政处理决定不服，可在接到本决定书之日起六十日内向_____或_____申请行政复议，也可在六个月内直接向_____人民法院提起诉讼，期满不申请行政复议也不起诉，又不履行本处理决定的，我厅（局）将申请人民法院强制执行。

人力资源和社会保障行政部门印章
年 月 日

正本（副本）

119. 如何制作行政处罚决定书

行政处罚决定书应根据具体案情拟制打印，载明以下事项：

（一）当事人的姓名或者名称、地址；

（二）违反法律、法规或者规章的事实和证据；

（三）行政处罚的种类和依据；

（四）行政处罚的履行方式和期限；

（五）不服行政处罚决定，申请行政复议或者提起行政诉讼的途径和期限；

（六）作出行政处罚决定的行政机关名称和作出决定的日期。

加盖行政机关公章一式两份，正本送达投诉人，副本留存。

文本样式

_____人力资源和社会保障厅（局）
劳动保障监察行政处罚决定书

×罚字〔   〕第   号

_____（单位或个人）：

组织代码或个人身份证号码：_____

地址：_____

法定代表人（负责人）：_____

（案由）_____

（认定的事实和证据）_____

你（单位）的行为违反了_____

根据（行政处罚依据）_____，本厅（局）决定给予下列处罚：_____

请于收到本决定书之日起十五日内将罚款缴到_____，地址：_____账号：_____。逾期不缴纳罚款的，依据《行政处罚法》第五十一条第（一）项规定，每日按罚款数额的3%加处罚款。

如不服对本处罚决定，可在收到本决定书之日起六十日内向_____或者_____申请行政复议，也可以在六个月内直接向_____人民法院提起诉讼。（或：如不服对本处罚决定，可在收到本决定书之日起六十日内向_____或者_____申请行政复议，对复议决定不服的，可以依法提起诉讼。注：适用于复议前置）期满不申请行政复议，也不起诉，又不履行本处罚决定的，我厅（局）将依法申请人民法院强制执行。

人力资源和社会保障行政部门印章
年   月   日

<u>正本（副本）</u>

120. 如何填写结案审批表

结案审批表应载明案由、案号，简述案件查处经过和处理结果，提出结案申请，由主办监察员和协办监察员签字后，报监察机构负责人审批。

文本样式

_____人力资源和社会保障厅（局）
劳动保障监察结案审批表

案　由	
案　号	×劳社察案字〔　　〕第　　号
查　处情　况	
结　案申　请	主办监察员：　　　　协办监察员： 　　　　　　　　　　　　　　　　　年　月　日
审　批意　见	监察机构负责人： 　　　　　　　　　　　　　　　　　年　月　日
执　行情　况	
备　注	

121. 如何撰写强制执行申请书

申请强制执行应向有管辖权的人民法院申请，申请书应载明申请人和被申请人的基本信息，包括名称、地址、法定代表人、联系电话；案由、作出行政处罚或行政处理决定的时间、文书编号，以及申请强制执行的理由和申请强制执行的内容。并附上《行政处罚决定书》或《行政处理决定书》副本及有关材料，加盖行政机关印章。

文本样式

_____人力资源和社会保障厅（局）
强制执行申请书

×申字〔　　〕第　　号

_____人民法院：

申请人：_____ 地址：_____

法定代表人：_____ 职务：_____ 电话：_____

被申请人：_____ 地址：_____

法定代表人（负责人）：_____ 职务：_____ 电话：_____

案由：_____

对被申请人的违反劳动保障法律的行为，我厅（局）已于____年____月____日依法对被申请人作出行政处罚决定（或者行政处理决定）。该案的《劳动保障监察行政处罚决定书》编号：_____（或者《劳动保障监察行政处理决定书》编号：_____）已于___年___月___日送达被申请人。

迄今，被申请人在规定的期限内既未申请行政复议，也未向人民法院起诉，又不履行处罚决定（或者行政处理决定）。根据《中华人民共和国行政诉讼法》第九十七条和《中华人民共和国行政处罚法》第五十一条的规定，特申请你院强制执行以下行政处罚决定（或者行政处理决定）：

1._____；
2._____；
3._____。

附件：1.《行政处罚决定书》（或者《行政处理决定书》）副本____份
　　　2.有关材料____件

人力资源和社会保障行政部门印章
年　月　日

122. 文书送达的方式

文书送达有直接送达、留置送达、邮寄送达、委托送达、转交送达、公告送达几种方式。

行政机关在送达行政执法文书时应首先采用直接送达，当直接送达不能达到目的时才可以采用留置送达；直接送达有困难的，才可以采用邮寄送达；其他送达方式均无法送达时，才可以采用公告送达。

直接送达是指直接送交受送达人或者受送达人同住成年家属；法人或者其他组织的法定代表人、主要负责人，或者负责收件的人；诉讼代理人；受送达人指定的代收人。

留置送达是指受送达人拒绝在送达回证上签字的，可邀请有关基层组织或者所在单位代表到场，说明情况，在送达回证上记明情况，由送达人、见证人签名后视为送达，也可以用拍照、录像等方式记录送达过程，即视为送达。

委托送达是委托其他监察机构送达。

转交送达是指受送达人为军人的，通过所在部队团以上政治机关转交；受送达人被监禁的，通过其所在监所转交；受送达人被采取强制性教育措施的，通过其所在强制教育机构转交。

邮寄送达是指直接送达有困难的，可以通过邮局以挂号信的方式送达。

公告送达是指在受送达人下落不明或者其他方法均无法送达时，将文书内容予以公告，国内公告之日为经过 60 日，涉外公告为经过 3 个月。

法律政策依据

《中华人民共和国行政处罚法》第四十条　行政处罚决定书应当在宣告后当场交付当事人；当事人不在场的，行政机关应当在 7 日内依照民事诉讼法的有关规定，将行政处罚决定书送达当事人。

《关于实施〈劳动保障监察条例〉若干规定》

第三十八条　劳动保障监察限期整改指令书、劳动保障行政处理决定书、劳动保障行政处罚决定书应当在宣告后当场交付当事人；当事人不在场的，劳动保障行政部门应当在7日内依照《中华人民共和国民事诉讼法》的有关规定，将劳动保障监察限期整改指令书、劳动保障行政处理决定书、劳动保障行政处罚决定书送达当事人。

《中华人民共和国民事诉讼法》

第八十四条　送达诉讼文书必须有送达回证，由受送达人在送达回证上记明收到日期，签名或者盖章。

受送达人在送达回证上的签收日期为送达日期。

第八十五条　送达诉讼文书，应当直接送交受送达人。受送达人是公民的，本人不在交他的同住成年家属签收；受送达人是法人或者其他组织的，应当由法人的法定代表人、其他组织的主要负责人或者该法人、组织负责收件的人签收；受送达人有诉讼代理人的，可以送交其代理人签收；受送达人已向人民法院指定代收人的，送交代收人签收。

受送达人的同住成年家属，法人或者其他组织的负责收件的人，诉讼代理人或者代收人在送达回证上签收的日期为送达日期。

第八十六条　受送达人或者他的同住成年家属拒绝接收诉讼文书的，送达人可以邀请有关基层组织或者所在单位的代表到场，说明情况，在送达回证上记明拒收事由和日期，由送达人、见证人签名或者盖章，把诉讼文书留在受送达人的住所；也可以把诉讼文书留在受送达人的住所，并采用拍照、录像等方式记录送达过程，即视为送达。

第八十七条　经受送达人同意，人民法院可以采用传真、电子邮件等能够确认其收悉的方式送达诉讼文书，但判决书、裁定书、调解书除外。

采用前款方式送达的，以传真、电子邮件等到达受送达人特定系统的日期为送达日期。

第八十八条　直接送达诉讼文书有困难的，可以委托其他人民法院代为送达，或者邮寄送达。邮寄送达的，以回执上注明的收件日期为送达日期。

第八十九条　受送达人是军人的，通过其所在部队团以上单位的政治机关转交。

第九十条　受送达人被监禁的，通过其所在监所转交。

受送达人被采取强制性教育措施的，通过其所在强制性教育机构转交。

第九十一条　代为转交的机关、单位收到诉讼文书后，必须立即交受送达人签收，以在送达回证上的签收日期，为送达日期。

第九十二条　受送达人下落不明，或者用本节规定的其他方式无法送达的，公告送达。自发出公告之日起，经过六十日，即视为送达。

公告送达，应当在案卷中记明原因和经过。

123. 文书送达时效的具体要求

文书应宣告后当场交付当事人；当事人不在场的，应在文书作出之日起7日内依照《中华人民共和国民事诉讼法》有关规定送达当事人。

法律政策依据

《关于实施〈劳动保障监察条例〉若干规定》

第三十八条　劳动保障监察限期整改指令书、劳动保障行政处理决定书、劳动保障行政处罚决定书应当在宣告后当场交付当事人；当事人不在场的，劳动保障行政部门应当在7日内依照《中华人民共和国民事诉讼法》的有关规定，将劳动保障监察限期整改指令书、劳动保障行政处理决定书、劳动保障行政处罚决定书送达当事人。

124. 送达回证的注意事项

行政机关要根据各自执法实际情况明确规定需要送达的行政执法文书种

类，规范制作送达回证，在法律规定的时间内送达。送达的行政执法文书要有统一编序的文号，送达回证上要载明送达文书的名称、文号、份数、送达方式、时间和地点等内容，受送达人要写清楚正确的姓名（名称），受送达人为法人或其他组织的，要写明法人或其他组织的全称，不可用简称，并注明其法定代表人或主要负责人。送达回证要加盖送达机关印章，并有两名以上送达人签字。采用留置送达、邮寄送达或公告送达的，要附有相关材料记载。送达回证可以适用多个文书的送达。如果多个文书的送达地点和送达人互不相同，可分别单独使用。受送达人在送达回证上记明收到日期，受送达人在送达回证上的签收日期为送达日期。邮寄送达的以挂号信注明收件日期为送达日期。

文书样本

<u>　　　　　　　</u>人力资源和社会保障厅（局）
劳动保障监察送达回证

受送达人				
送达地点				
送达文书名称	字　号	送达时间		受送达人签名或盖章
		年　月　日		
		年　月　日		
		年　月　日		
		年　月　日		
		年　月　日		
拒签及留置送达情况：				
送达人签名				
见证人签名				
备　注				

125. 案件结案归档的基本规范

劳动保障监察案卷档案是指劳动保障监察机构在办理监察案件过程中形成的，能反映案件真实情况、有保存价值的各种文字、图表、声像、证物（以下统称文书材料）等不同形式的历史记录。案卷应在案件办结后3个月内按规范要求整理归档。

劳动保障监察案卷档案管理，遵循一案一卷、分类保管、利于保密、方便利用的原则。做到一案一号、一案一卷或一案数卷。案卷可以分为正卷和副卷。依法不能公开的案件材料，应当装入副卷；案件集体讨论记录，可装入副卷。案卷装订前，要对文书材料进行检查，材料不完整或者破损的，要补充或者修补完整；文书材料中的文字不能耐久保存的，要进行复制；文书材料过小或者过大的，要进行衬贴或者折叠；需要附卷的信封，要展开并加贴衬纸，邮票不得取掉；文书材料上的金属物必须剔除干净。案卷材料按以下排序：（1）卷宗封面；（2）卷内目录；（3）受理举报登记表（附举报材料）、检查登记表、移送通知书、指定管辖通知书等案件来源材料；（4）立案审批表；（5）当事人及有关人员主体资格及身份证明材料；（6）调查取证材料（询问通知书及送达回证、调查笔录等各类证据材料）；（7）限期改正指令书及有关材料（案件办理报批表、送达回证、改正情况材料）；（8）处理、处罚文书（劳动保障监察决定书、行政处罚告知书、行政处理决定书、行政处罚决定书）及有关材料（案件办理报批表、讨论案件笔录、听证程序材料、送达回证、当事人申辩材料）；（9）结案审批表；（10）执行手续材料（罚款收据、强制执行申请书、人民法院关于执行的裁定书等）；（11）行政复议和行政诉讼材料（复议申请书或行政起诉状副本、答辩书（状）、复议决定书、人民法院的判决或裁定书等）；（12）卷内备考表及卷底；（13）备考表。

案卷使用软卷皮在左侧采用细棉绳（三孔一线）装订。不能随案装订立卷的证据材料，应放入证据袋中，并在证据袋上表明证据名称、数量、种类、制作时间、地点和所在案件卷宗号。装订完毕，入柜保存。

文书样本

×××人力资源和社会保障厅（局）				
劳动保障监察案件卷宗 （　　　） ×案字〔　　〕第　　号				
涉案单位 （或个人）				
案由				
处理结果				
负责人		主办监察员		
立案日期		结案日期		
归档日期		归档号		
卷内共　　件　　页		案卷分类		类

卷宗目录

序号	日期	文书名称	页次	备注

_____人力资源和社会保障厅（局） 劳动保障监察证物袋						
案号		×案字〔　〕第　号				
序号	证物名称	特征描述	证物数量	收集地点	收集时间	
1						
2						
3						
4						
主办监察员			归档号			

卷内备考表

本卷需要说明的情况：

立卷人：　　　　　　　　　检查人：

　年　月　日　　　　　　　　年　月　日

第六编　相关工作制度和职业规范

导读

工作制度是由法律法规及政策制定，规范和约束人力资源社会保障行政部门及其工作人员行为的刚性守则。科学、健全的工作制度是劳动保障监察执法行为合法、有序、规范、高效的重要保障。现行的工作制度主要包括程序制度、文书制度、案由制度、主办监察员制度、权力清单制度、自由裁量权制度等内容。

职业规范是与人们的职业活动紧密联系的符合职业特点要求的一系列行为准则和规范的总和。它既是从业人员职业活动的标准和要求，也是本职业对社会所承担的责任和义务。劳动保障监察职业规范是劳动保障监察员的职业行为准则，主要包括劳动保障监察员的职业素养、行为规范、法律责任等。

工作制度和职业规范都是规范劳动保障监察执法行为的重要依据，但工作制度侧重于应该做什么和怎么做，职业规范侧重于不能做什么及承担的后果。

126. 什么是劳动保障监察的程序制度

行政程序是指行政主体为履行其职能而实施行政行为时所应经过的步骤、阶段、顺序及时限等程序过程。它是实现实体法所规定的法律关系主体权利和义务的重要保障，任何人不得任意违反或变更，否则将可能导致行政行为无效。劳动保障监察程序制度是指在劳动保障监察案件受理、立案、调查、处理、结案、执行各个环节中，人力资源社会保障行政部门及其行政执法人员应当遵守的步骤、方式和方法。

劳动保障监察程序规则的具体内容，在本书第三、四、五编已有详细介绍。

法律政策依据

《行政处罚法》第三条　公民、法人或者其他组织违反行政管理秩序的行为，应当给予行政处罚的，依照本法由法律、法规或者规章规定，并由行政机关依照本法规定的程序实施。

没有法定依据或者不遵守法定程序的，行政处罚无效。

《劳动保障监察条例》第十七条　劳动保障行政部门对违反劳动保障法律、法规或者规章的行为的调查，应当自立案之日起60个工作日内完成；对情况复杂的，经劳动保障行政部门负责人批准，可以延长30个工作日。

《关于实施〈劳动保障监察条例〉若干规定》第十八条　对符合下列条件的投诉，劳动保障行政部门应当在接到投诉之日起5个工作日内依法受理，并于受理之日立案查处：

（一）违反劳动保障法律的行为发生在2年内的；

（二）有明确的被投诉用人单位，且投诉人的合法权益受到侵害是被投诉用人单位违反劳动保障法律的行为所造成的；

（三）属于劳动保障监察职权范围并由受理投诉的劳动保障行政部门管辖。

对不符合第一款第（1）项规定的投诉，劳动保障行政部门应当在接到投诉之日起5个工作日内决定不予受理，并书面通知投诉人。

对不符合第一款第（2）项规定的投诉，劳动保障监察机构应当告知投诉人补正投诉材料。

对不符合第一款第（3）项规定的投诉，即对不属于劳动保障监察职权范围的投诉，劳动保障监察机构应当告诉投诉人；对属于劳动保障监察职权范围但不属于受理投诉的劳动保障行政部门管辖的投诉，应当告知投诉人向有关劳动保障行政部门提出。

《劳动行政处罚听证程序规定》（劳动部令第2号）第三条　劳动行政部门作出责令停产停业、吊销许可证、较大数额罚款等行政处罚决定之前，应当告知当事人有要求听证的权利；当事人要求听证的，劳动行政部门应当组织听证。当事人不承担组织听证的费用。

127. 什么是劳动保障监察的文书制度

劳动保障监察文书制度，是指劳动保障行政部门及其监察机构在劳动保障监察案件处理过程中应该使用统一规范的执法文书。使用劳动保障监察文书是规范劳动保障监察执法行为，提高行政执法工作效率和依法行政水平的重要方式和手段。同时，劳动保障监察文书是劳动保障监察相对人权利保护和救济的载体，通过劳动保障监察文书告知相对人作出具体行政行为的事实和理由、所依据的法律法规规定，以及相对人的权利事项和救济途径，为相对人合法权益免受劳动保障行政部门及其工作人员违法行使职权的侵害，提供了书面依据和制度保障。2005年，劳动和社会保障部专门下发了23种劳动保障监察执法文书供各地参照使用。

劳动保障监察文书的种类和具体格式要求，在本书第五编已有详细介绍。

> **法律政策依据**
>
> 《行政处罚法》第三十九条 行政机关依照本法第三十八条的规定给予行政处罚，应当制作行政处罚决定书。行政处罚决定书应当载明下列事项：
>
> （一）当事人的姓名或者名称、地址；
>
> （二）违反法律、法规或者规章的事实和证据；
>
> （三）行政处罚的种类和依据；
>
> （四）行政处罚的履行方式和期限；
>
> （五）不服行政处罚决定，申请行政复议或者提起行政诉讼的途径和期限；
>
> （六）作出行政处罚决定的行政机关名称和作出决定的日期。
>
> 行政处罚决定书必须盖有作出行政处罚决定的行政机关的印章。
>
> 《关于实施〈劳动保障监察条例〉若干规定》第三十三条 对不能当场作出处理的违法案件，劳动保障监察员经调查取证，应当提出初步处理建议，并填写案件处理报批表。
>
> 案件处理报批表应写明被处理单位名称、案由、违反劳动保障法律行为事实、被处理单位的陈述、处理依据、建议处理意见。

128. 什么是劳动保障监察的案由制度

劳动保障监察案由制度是指人力资源社会保障行政部门办理案件时，根据统一的案由规定和违法行为具体表现形式确定案由、适用法律的制度。案由制度对规范执法行为、指导执法办案和加强执法统计等方面有着重要作用。随着劳动保障法律法规的日益健全，劳动保障监察案由在不断更新和完善。根据劳动保障法律法规的规定，目前劳动保障监察的案由主要有九大类38种：

一是就业管理和就业服务类。包括违反招用人员规定、扣押劳动者证件、扣押劳动者居民身份证等证件、收取劳动者财物、违反禁止使用童工规定、违反职业介绍管理规定、违反职业技能培训管理规定、违反职业技能考核鉴定管理规定及其他违反就业管理、就业服务法律规定等情形。

二是劳动合同和集体合同类。包括违反劳动合同订立规定、违反劳动合同解除、终止规定、违反平等协商、集体合同规定、违反制定内部劳动保障规章制度规定及违反其他劳动合同、集体合同法律规定等情形。

三是劳务派遣类。包括违反劳务派遣行政许可规定、违反劳务派遣有关管理规定及其他劳务派遣类违法情形。

四是工作时间和休息休假类。包括违反工作时间规定、违反带薪年休假规定、违反其他工作时间、休息休假法律规定的情形。

五是工资类。包括未依法及时足额支付工资报酬,违反最低工资规定,违反加班费支付规定,违反工资分配、工资支付管理规定,违反其他工资法律规定。

六是女职工和未成年工特殊劳动保护类。包括违反女职工特殊劳动保护规定,违反未成年工特殊劳动保护规定,违反其他女职工、未成年工特殊劳动保护法律规定。

七是社会保险类。包括违反社会保险登记管理规定、违反社会保险费申报缴纳管理规定、拒不依法支付有关社会保险待遇、骗取社会保险基金支出或社会保险待遇、违反社会保险有关管理规定、违反其他社会保险法律规定。

八是工会、企业民主管理类。包括违反工会有关规定、违反企业民主管理规定、违反其他工会、企业民主管理法律规定。

九是执法保障类。包括拒不接受或配合劳动保障监察和违反其他执法保障法律规定。

法律政策依据

《劳动法》第四十三条 用人单位不得违反本法规定延长劳动者的工作时间。

《劳动合同法》第四十八条 用人单位违反本法规定解除或者终止劳动合同,劳动者要求继续履行劳动合同的,用人单位应当继续履行;劳动者不要求继续履行劳动合同或者劳动合同已经不能继续履行的，用人单位应当依照本法第八十七条规定支付赔偿金。

《社会保险法》第八十四条　用人单位不办理社会保险登记的，由社会保险行政部门责令限期改正；逾期不改正的，对用人单位处应缴社会保险费数额一倍以上三倍以下的罚款，对其直接负责的主管人员和其他直接责任人员处五百元以上三千元以下的罚款。

第八十五条　用人单位拒不出具终止或者解除劳动关系证明的，依照《中华人民共和国劳动合同法》的规定处理。

第八十六条　用人单位未按时足额缴纳社会保险费的，由社会保险费征收机构责令限期缴纳或者补足，并自欠缴之日起，按日加收万分之五的滞纳金；逾期仍不缴纳的，由有关行政部门处欠缴数额一倍以上三倍以下的罚款。

《劳动保障监察条例》第二十六条　用人单位有下列行为之一的，由劳动保障行政部门分别责令限期支付劳动者的工资报酬、劳动者工资低于当地最低工资标准的差额或者解除劳动合同的经济补偿；逾期不支付的，责令用人单位按照应付金额50%以上1倍以下的标准计算，向劳动者加付赔偿金：

（一）克扣或者无故拖欠劳动者工资报酬的；

（二）支付劳动者的工资低于当地最低工资标准的；

（三）解除劳动合同未依法给予劳动者经济补偿的。

《禁止使用童工规定》第六条第一款　用人单位使用童工的，由劳动保障行政部门按照每使用一名童工每月处5 000元罚款的标准给予处罚；在使用有毒物品的作业场所使用童工的，按照《使用有毒物品作业场所劳动保护条例》规定的罚款幅度，或者按照每使用一名童工每月处5 000元罚款的标准，从重处罚。劳动保障行政部门并应当责令用人单位限期将童工送回原居住地交其父母或者其他监护人，所需交通和食宿费用全部由用人单位承担。

129. 什么是主办监察员制度

主办监察员制度是指在劳动保障监察案件办理中由一名劳动保障监察员

主导案件的调查处理全过程,并对案件质量承担主要责任的制度。推行主办监察员制度是落实行政执法责任和错案追究制度的有效载体,有利于明确和落实执法责任,建立科学高效的执法机制,切实提高执法效能和水平。

法律政策依据

《关于实施〈劳动保障监察条例〉若干规定》第二十条 劳动保障监察员进行调查、检查不得少于2人。劳动保障监察机构应指定其中1名为主办劳动保障监察员。

130.什么是权力清单制度

权力清单制度,是指政府及其部门在对其所行使的公共权力进行全面梳理的基础上,依法界定每个部门、每个岗位的职责与权限,然后将职权目录、实施主体、相关法律依据、具体办理流程等以清单方式进行列举和图解,并公之于众。权力清单包括政府权力清单和部门权力清单。

党的十八届四中全会通过的《中共中央关于全面推进依法治国若干重大问题的决定》(以下简称《决定》)明确提出,加快建设职能科学、权责法定、执法严明、公开公正、廉洁高效、守法诚信的法治政府。关于如何加快建设法治政府,《决定》提出了依法全面履行政府职能、健全依法决策机制等六个方面的具体要求。而"推行政府权力清单制度,坚决消除权力设租寻租空间"是实现全面履行政府职能的重要措施,也是加快建设法治政府的重要内容。

推行政府权力清单制度的基本程序,一是全面厘清政府权力的底数;二是明确权力清单,即在权力清单的基础上,编制权力目录和优化权力流程,确保权力只能在依法赋予的职责和权限之内运行,最大限度地压缩政府机关工作人员行使权力的自由裁量空间,做到清单之外无职权;三是根据权力清单推进政府机构内部优化整合,加快政府职能转变。

> **法律政策依据**
>
> 党的十八届四中全会通过的《中共中央关于全面推进依法治国若干重大问题的决定》指出:"依法全面履行政府职能。完善行政组织和行政程序法律制度,推进机构、职能、权限、程序、责任法定化。行政机关要坚持法定职责必须为、法无授权不可为,勇于负责、敢于担当,坚决纠正不作为、乱作为,坚决克服懒政、怠政,坚决惩处失职、渎职。行政机关不得法外设定权力,没有法律法规依据不得作出减损公民、法人和其他组织合法权益或者增加其义务的决定。推行政府权力清单制度,坚决消除权力设租寻租空间。"

131. 劳动保障监察权力清单的内容

劳动保障监察权力清单是指劳动保障行政部门在劳动保障监察工作方面的职责和权限、法律依据以及具体办理流程。

劳动保障行政部门在劳动保障监察方面的具体职责和权限包括:宣传劳动保障法律、法规和规章,督促用人单位贯彻执行;检查用人单位遵守劳动保障法律、法规和规章的情况;受理对违反劳动保障法律、法规或者规章的行为的举报、投诉;依法纠正和查处违反劳动保障法律、法规或者规章的行为。

劳动保障监察履行职责和权限的法律依据包括《劳动法》《劳动合同法》《社会保险法》《就业促进法》《劳动保障监察条例》等劳动保障法律法规规章。

劳动保障监察工作的具体流程包括受理与立案、调查和检查、案件处理等环节。

> **法律政策依据**
>
> 《劳动保障监察条例》第十条 劳动保障行政部门实施劳动保障监察,履行下列职责:
>
> (一)宣传劳动保障法律、法规和规章,督促用人单位贯彻执行;

（二）检查用人单位遵守劳动保障法律、法规和规章的情况；

（三）受理对违反劳动保障法律、法规或者规章的行为的举报、投诉；

（四）依法纠正和查处违反劳动保障法律、法规或者规章的行为。

第十一条　劳动保障行政部门对下列事项实施劳动保障监察：

（一）用人单位制定内部劳动保障规章制度的情况；

（二）用人单位与劳动者订立劳动合同的情况；

（三）用人单位遵守禁止使用童工规定的情况；

（四）用人单位遵守女职工和未成年工特殊劳动保护规定的情况；

（五）用人单位遵守工作时间和休息休假规定的情况；

（六）用人单位支付劳动者工资和执行最低工资标准的情况；

（七）用人单位参加各项社会保险和缴纳社会保险费的情况；

（八）职业介绍机构、职业技能培训机构和职业技能考核鉴定机构遵守国家有关职业介绍、职业技能培训和职业技能考核鉴定的规定的情况；

（九）法律、法规规定的其他劳动保障监察事项。

阅读参考：某省劳动保障监察机构权力清单样本

附一：部门职责表

序号	主要职责	具体工作事项	备注
1	拟订全省劳动保障监察工作制度	开展劳动保障监察调研工作	
		制定全省劳动保障监察工作制度	
2	组织实施劳动保障监察	制订劳动保障监察执法工作计划	
		部署全省日常巡视检查、专项检查、书面审查、举报投诉调查检查等劳动保障监察执法工作	
		对部、省属用人单位依法实施日常巡查、专项检查、书面审查、举报投诉调查检查等劳动保障监察执法活动，依法纠正和查处违法行为	
		组织与贯彻劳动保障法律法规和劳动者权益维护有关的宣传工作	
3	依法查处和督办全省重大案件	查处、督办上级批办及有关部门交办的案件	
		查处、督办全省重大劳动保障违法案件	
		对举报重大劳动保障违法行为进行奖励	
4	指导监督全省劳动保障监察工作	负责全省劳动保障监察联动举报投诉平台的运行管理，指导和监督全省劳动保障监察执法和案件处理工作	
		开展劳动保障监察业务技能培训、案卷评查等能力提升活动	
		开展全省劳动保障监察执法统计工作，评估执法水平和效果	
5	协调全省劳动者维权工作	组织开展全省劳动保障监察两网化（网格化、网络化）管理工作	
		实施全省用人单位劳动保障信用监管，建立用人单位守法诚信档案，向社会公布用人单位重大劳动保障违法行为	
		与省住建厅、省公安厅、省工商局、省总工会等部门、组织的相关职能机构建立经常性工作联系	
		组织开展跨省（自治区、直辖市）劳动保障监察协查工作	

续表

序号	主要职责	具体工作事项	备注
6	组织处理劳动保障违法行为及劳动关系矛盾纠纷引发的突发事件	制定有关应急预案，开展应急管理有关工作	
		组织处理劳动保障违法行为及劳动关系矛盾纠纷引发的突发事件	
7	承担其他人力资源和社会保障监督检查工作	根据上级要求和工作需要实施其他与劳动保障监察职能有关的监督检查工作	

附二：与相关部门的职责边界

一、妇女、儿童劳动保护有关法律规定的监督检查和处罚

（一）相关部门和职责分工

省人力资源和社会保障厅负责用人单位遵守女职工劳动保护特殊规定、未成年工特殊保护规定及禁止使用童工规定的情况进行监督检查，依法查处相关违法行为。

省安全生产监督管理局负责对用人单位遵守女职工禁忌从事的劳动范围规定的情况进行监督检查，依法查处违法行为。

省工商局对逾期不将童工送交其父母或者其他监护人的企业，或者致童工伤残或者死亡的企业，吊销其营业执照。

省民政厅对逾期不将童工送交其父母或者其他监护人的民办非企业单位，或者致童工伤残或者死亡的民办非企业单位，撤销民办非企业单位登记。

省卫生厅（或省安监局）负责对安排孕期、哺乳期女职工、未成年工和童工在使用有毒物品的作业场劳动的违法行为进行查处。

（二）法律政策依据

1.《女职工劳动保护特别规定》

2.《未成年工特殊保护规定》

3.《劳动保障监察条例》（国务院令第423号）

4.《××省劳动保护条例》

5.《禁止使用童工规定》

6.《使用有毒物品作业场所劳动保护条例》

（三）案例

某用人单位安排怀孕 8 个月的女职工加班、从事法律禁忌从事的劳动，且在使用有毒物品的场所使用童工、未成年工和孕期女职工。人社部门对安排怀孕 8 个月的女职工加班、未成年工从事禁忌劳动及使用童工等违法行为进行查处，安监部门对用人单位安排孕妇从事禁忌劳动进行查处，卫生部门（或安监部门）对在使用有毒物品场所使用童工、未成年工和孕期女职工的违法行为进行查处。人社部门责令用人单位将童工送交其父母或者其他监护人，工商部门对逾期不送交的企业吊销其营业执照，如果该用人单位是民办非企业单位，则由民政部门撤销其民办非企业单位登记。

二、对职业中介、职业技能培训和考核鉴定有关法律规定的监督检查和处罚

（一）相关部门和职责分工

省人力资源和社会保障厅依法查处违反职业中介、职业技能培训或者职业技能考核鉴定的违法行为。

省工商局依法查处取缔未经许可从事职业中介、职业技能培训或者职业技能考核鉴定的组织或者个人。

省公安厅会同取缔未经许可擅自设立的中外合作职业技能培训办学机构。

省物价局对中外合作办学机构或中外合作职业技能培训办学项目未经批准增加收费项目或者提高收费标准的行为予以处罚。

（二）法律政策依据

1.《中华人民共和国就业促进法》

2.《中华人民共和国民办教育促进法》

3.《中外合作办学条例》（国务院令第 372 号）

4.《中外合作职业技能培训办学管理办法》（中华人民共和国劳动和社会保障部令第 27 号）

5.《劳动保障监察条例》（国务院令第 423 号）

6.《无照经营查处取缔办法》（国务院令第 370 号）

（三）案例

在省人社厅、省公安厅、省工商局等部门联合开展的全省清理整顿人力资源市场秩序专项检查中，发现张某未经许可从事职业中介、某单位未经许可组织职业技能办学和考核鉴定活动，人社部门依法查处，没收违法所得，处以罚款；工商部门依法查处，没收违法所得，处以罚款并予以取缔。如果涉及未经许可擅自设立的中外合作职业技能培训办学机构的，由人社部门、工商部门会同公安机关予以取缔。物价部门对中外合作职业技能培训办学机构或中外合作职业技能培训办学项目未经批准增加收费项目或者提高收费标准的行为予以处罚。

三、处置因劳动用工、工资支付等劳动关系问题引发的群体性事件

（一）相关部门和职责分工

省人力资源和社会保障厅根据应急管理预案，及时介入调查和处置突发性事件，向有关部门通报处置工作情况。

省公安厅依法出动警力，根据现场情况依法采取相应的强制性措施，尽快使社会秩序恢复正常。

省国资委及其他有关行业主管部门参与处理涉及本行业主管的用人单位发生的劳动关系群体性突发事件。

（二）法律政策依据

1.《劳动保障监察条例》（国务院令第423号）

2.《突发事件应对法》

（三）案例

某公司经营不善面临倒闭，拖欠多名职工工资，职工拉着讨要工资的横幅堵在了高速公路上。人社部门立即启动应急预案，安排相关人员迅速到达现场进行处置，安抚职工情绪，联系公司负责人协商解决方案，公安机关出动警力维护现场秩序。经多方协调，拖欠工资事件得以顺利解决。

四、查处拖欠农民工工资违法行为

（一）相关部门和职责分工

省人力资源和社会保障厅负责牵头组织协调农民工工资支付专项检查工

作,对拖欠、克扣农民工工资的案件及时进行调查,依法做出行政处理或处罚。

省住建厅、省交通运输厅、省水利厅、省国资委等有关主管部门负责对建筑、交通运输、水利工程等行业以及国有企业、国有控股企业拖欠农民工工资情况进行执法检查,并协同人力资源社会保障行政部门做好有关工作。

省公安厅负责立案调查处理涉嫌拒不支付劳动报酬罪的行为,协助处理拖欠农民工工资引发的群体性事件。

（二）法律政策依据

1.《劳动保障监察条例》（国务院令第423号）

2.《××省工资支付条例》

3.《中华人民共和国刑法修正案（八）》

4.《关于加强对拒不支付劳动报酬案件查处工作的通知》（人社部发〔2012〕3号）

5.《关于进一步规范建筑施工企业工资支付行为的通知》

（三）案例

年底,×省人社厅会同若干部门开展农民工工资支付专项检查,人社部门依法查处拖欠工资的违法行为。建设、交通运行、水利、国资管理等部门会同人社部门做好相关主管行业企业拖欠工资案件的调查处理工作,对及时补发工资的,不追究法律责任;对涉嫌拒不支付劳动报酬罪的案件,由人社部门和有关主管部门移送公安机关处理。

五、外国人就业管理

（一）相关部门和职责分工

省人力资源和社会保障厅负责查处伪造、涂改、冒用、转让、买卖就业证和许可证的外国人和用人单位。

省公安厅负责对未申领就业证擅自就业的外国人和未办理许可证书擅自聘用外国人的用人单位进行查处。

（二）法律政策依据

1.《外国人在中国就业管理规定》（劳部发〔1996〕29号）

2.《中华人民共和国外国人入境出境管理法实施细则》

（三）案例

×省人社部门在日常巡查中发现该省某技术研发公司聘用了若干外国人，其中两名外国人冒用了他人的就业证，人社部门依法进行处罚。同时发现，还有两名新进的外国人没有办理外国人就业证。以上4人均属于非法就业，根据相关规定，公安部门对某技术研发公司予以查处。

附三：公共服务事项表

序号	服务事项	主要内容	承办机构	联系电话
1				
2				
3				
4				
5				
6				
7				
8				

附四：履行部门职责所对应的权力事项表

序号	部门职责	对应的权力事项		备注
		权力编码	事项名称	
1	组织实施劳动保障监察		违反招用人员规定的处罚	委托机关：省人力资源和社会保障厅 受委托组织：省劳动监察总队
			违反招用外国人和港澳台人员规定的处罚	
			向劳动者收取财物或扣押劳动者证件、档案、其他物品的处罚	
			违反禁止使用童工规定的处罚	
			违反职业介绍管理规定的处罚	
			违反职业技能培训管理规定的处罚	
			对未经许可从事职业技能考核鉴定的处罚	
			违反建立职工名册规定的处罚	
			未按规定办理就业登记手续的处罚	
			违反平等协商、集体合同规定的处罚	
			直接涉及劳动者切身利益的规章制度违反法律、法规规定的处罚	
			违反劳务派遣行政许可规定的处罚	
			违反劳务派遣管理规定的处罚	
			违反工作时间规定的处罚	
			违反顶岗实习生工作时间规定的处罚	
			违反工资分配、工资支付管理规定处罚	

续表

序号	部门职责	权力编码	事项名称	备注
1	组织实施劳动保障监察		违反女职工特殊劳动保护规定的处罚	委托机关：省人力资源和社会保障厅 受委托组织：省劳动监察总队
			违反未成年工特殊劳动保护规定的处罚	
			用人单位拒不办理社会保险登记的处罚	
			违反社会保险费申报、缴纳管理规定的处罚	
			骗取社会保险待遇或基金支出的处罚	
			不支付未参加工伤保险或已参加中断缴费的工伤职工各项工伤保险待遇的处罚	
			拒不协助社会保险行政部门对工伤认定申请所涉及事故进行调查核实的处罚	
			从事劳动能力鉴定的组织或者个人提供虚假鉴定意见、虚假诊断证明或收受当事人财物的行为的处罚	
			非法提供、复制、公布、出售或者变相交易社会保险个人权益记录的处罚	
			对用人单位拒绝工会劳动法律监督的处罚	
			违反企业民主管理规定的处罚	
			拒不接受或配合劳动保障监察的处罚	
2	依法查处督办全省重大案件		对举报违法行为的奖励	
3	组织实施劳动保障监察		未按规定向劳动者每月支付两倍的工资或者支付赔偿金的行政处理	委托机关：省人力资源和社会保障厅 受委托组织：省劳动监察总队
			未按规定向劳动者支付工资、加班费、经济补偿等的行政处理	
			选择额外支付劳动者一个月工资解除劳动合同，但未支付或未足额支付的行政处理	
			用工单位未向劳务派遣单位按时足额支付被派遣劳动者劳动报酬、社会保险等费用，致使劳务派遣单位无法向被派遣劳动者足额支付劳动报酬、缴纳社会保险费的行政处理	

续表

序号	部门职责	对应的权力事项		备注
		权力编码	事项名称	
3	组织实施劳动保障监察		不安排职工休带薪年休假又不依照规定给予年休假工资报酬的行政处理	委托机关：省人力资源和社会保障厅 受委托组织：省劳动监察总队
			克扣、拖欠顶岗实习学生实习报酬或低于当地最低工资标准支付顶岗实习学生实习报酬的行政处理	
			降低劳动者工资标准未与本单位工会或者职工代表协商一致，给劳动者造成工资损失的行政处理	
			未依法缴纳生育保险费又拒不支付职工生育津贴的行政处理	
			拒不支付非法用工单位伤亡人员一次性赔偿的行政处理	
			劳动合同文本未载明劳动合同法规定的劳动合同必备条款或者未将劳动合同文本交付劳动者的，责令改正	
			违反规定未向劳动者出具解除或者终止劳动合同的书面证明，责令改正	
			违反平等协商、签订集体合同有关规定的行政处理	
			协商代表因履行职责被侵害合法权益的行政处理	
			中外合作办学机构或中外合作职业技能培训办学项目未经批准增加收费项目或者提高收费标准的行政处理	
			违反工会法或企业民主管理有关规定的行政处理	

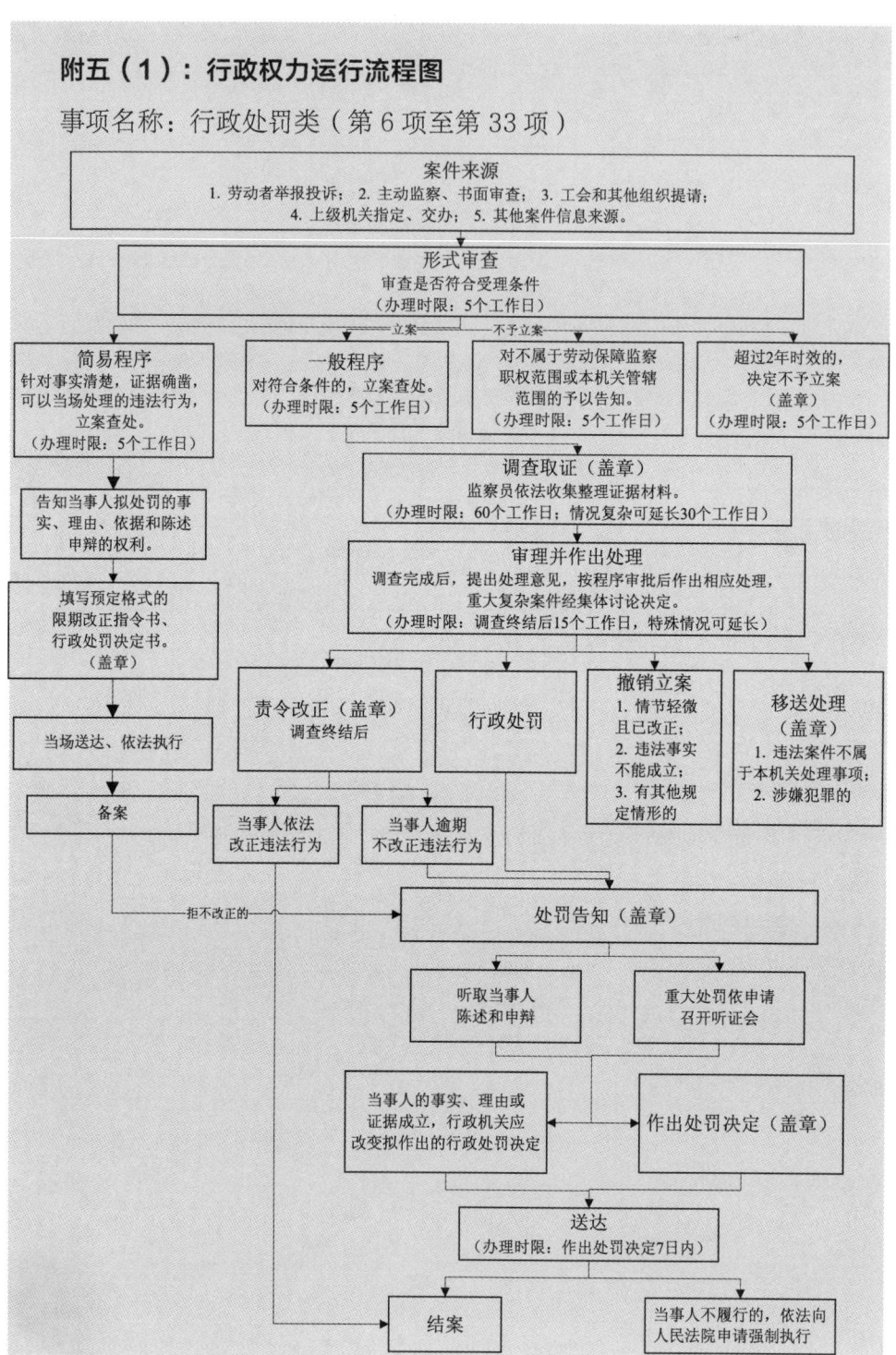

附五（2）：行政权力运行流程图

事项名称：行政奖励类（第1项）

```
实名举报
   │
   ▼
符合条件的立案查处
举报内容符合立案条件的，按照
《劳动保障监察条例》规定程序立案处理。
   │
   ▼
奖励审批
结案后，符合奖励条件的，由案件承办机构提出奖励金额和奖励对象，
填写奖励申请表，报人力资源和社会保障行政部门负责人审批。
（办理时限：结案后10个工作日）
   │
   ▼
通知举报人
（通知函盖章）
审批通过的，以函件或电话形式通知举报人。
（办理时限：审批通过后5个工作日）
   │
   ▼
奖金申领和发放
举报人办理申领手续，案件承办机构发放奖金。
（办理时限：自收到奖励事项告知之日起1个月）
```

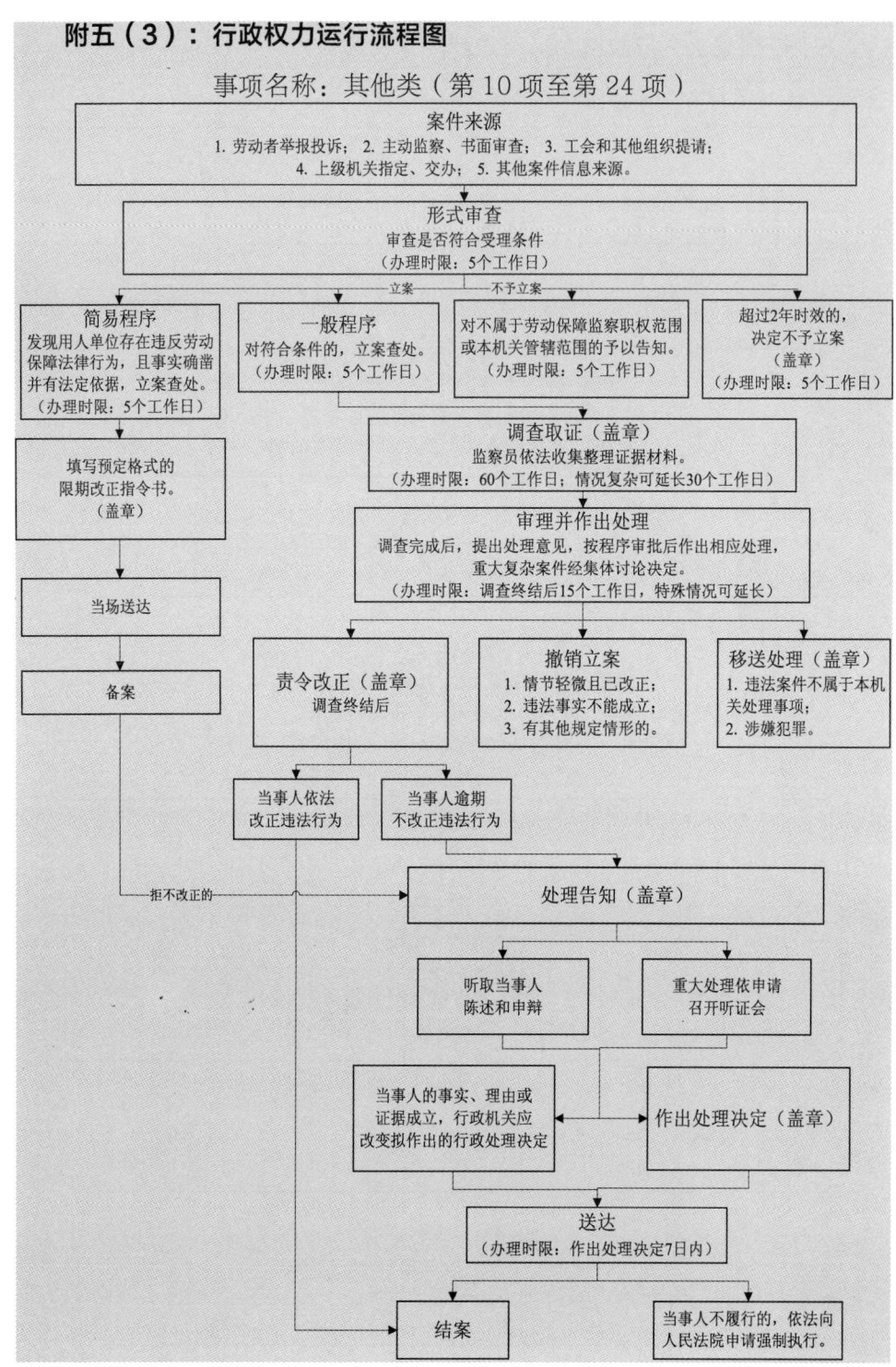

附六（1）：权力运行过程中涉及的中介、盖章、收费等情况

事项编码				
事项名称	行政处罚类（第6项至第33项）			
中介服务	服务事项	文件依据	收费情况	中介机构名称
盖章情况	印章名称	盖章单位	依据	时限
	××省人力资源和社会保障厅劳动监察专用章	××省劳动监察总队	《劳动保障监察条例》第15条、第18条；××省劳动和社会保障厅关于印发《××省劳动保障监察文书样本》的通知	案件立案后，结案前
	××省人力资源和社会保障厅章	××省人力资源和社会保障厅	《行政处罚法》第39条；《关于实施〈劳动保障监察条例〉若干规定》第36条	案件调查终结后，结案前
其他收费	收费名称	收费单位	收费依据	收费标准
收费合计				

附六（2）：权力运行过程中涉及的中介、盖章、收费等情况

事项编码				
事项名称	行政奖励类（第1项）			
中介服务	服务事项	文件依据	收费情况	中介机构名称
	印章名称	盖章单位	依据	时限
盖章情况	××省人力资源和社会保障厅劳动监察专用章	××省劳动监察总队	《劳动保障监察条例》第9条；××省劳动和社会保障厅、××省财政厅关于印发《××省举报重大劳动保障违法行为奖励办法》（试行）的通知第7条、第8条	奖励审批通过后5个工作日内
其他收费	收费名称	收费单位	收费依据	收费标准
收费合计				

附六（3）：权力运行过程中涉及的中介、盖章、收费等情况

事项编码				
事项名称	其他类（第10项至第24项）			
中介服务	服务事项	文件依据	收费情况	中介机构名称
盖章情况	印章名称	盖章单位	依据	时限
	××省人力资源和社会保障厅劳动监察专用章	××省劳动监察总队	《劳动保障监察条例》第15条、第18条；××省劳动和社会保障厅关于印发《××省劳动保障监察文书样本》的通知	案件立案后，结案前
	××省人力资源和社会保障厅章	××省人力资源和社会保障厅	《关于实施〈劳动保障监察条例〉若干规定》第36条	案件调查终结后，结案前
其他收费	收费名称	收费单位	收费依据	收费标准
收费合计				

附七：加强事中事后监管的制度措施

一、对用人单位遵守劳动保障监察法律法规情况的日常监管

监管对象：本省行政区域内各类用人单位和依法行使属地管理事项职权的全省各级劳动保障监察机构及其工作人员

监管内容：用人单位遵守劳动保障法律法规规章、维护劳动者合法权益情况和劳动保障监察机构履行日常监管职责情况

监管方式：

（1）定期、不定期的采取书面审查、日常巡查和专项检查等方式对用人单位遵守劳动保障监察法律法规情况进行监督检查；

（2）制定全省日常监管工作制度，并对制度实施情况进行监督。

监管程序和监管措施：

1.制定全省各级劳动保障监察日常监管各项工作制度，具体内容及要求包括：

（1）书面审查：不定期书面审查由劳动保障监察机构根据实际需要，向具体用人单位发出《劳动保障监察书面审查通知书》，要求用人单位按要求报送书面材料。定期书面审查每年进行一次，程序如下：

一是将书面审查的具体时间、方式及相关要求，通过媒体、网上公告或者直接书面通知等形式告知用人单位。

二是指导用人单位进行自查，如实填写《劳动保障年度书面审查报告书》，并在规定的时间内提交《报告书》并报送相关书面材料；

三是对已按照要求报送书面材料的用人单位，在《劳动保障书面审查记录手册》"审查情况"栏记录"已审"意见。其中，经审查发现轻微违法行为的，责令纠正；发现违法行为比较严重，或轻微违法行为但拒不纠正的，依法立案查处。用人单位可以通过网络查询书面材料审查情况。

（2）日常巡查：一是安排计划。每年1月底前制订日常巡查年度计划，确定检查的目标数量和重点范围。二是实施检查。按照检查计划，通过检查

用人单位工作场所、与员工进行座谈等方式认真落实检查工作。三是跟踪处理。对检查中发现的问题进行跟踪,对未能及时整改的进行立案。四是汇总分析。每季度汇总日常巡查情况,研究解决日常巡查工作中遇到的问题。五是研究总结。每年12月底前对日常巡查工作进行总结。

(3)专项检查:一是根据工作需要在全省范围内部署专项检查,明确检查范围、内容、方式、时间安排和工作要求;二是各地按照部署实施检查,发现违法行为,依法督促整改,必要时立案查处。三是汇总检查基本情况和存在问题,研究下一步工作措施。

2.对全省劳动保障监察日常监管工作情况和效果进行督查评估。

处理措施:

(1)实施日常监管时发现用人单位存在问题的,应当场提出,必要时可以当场发出《劳动保障监察建议书》。

(2)监管中发现用人单位违法行为事实确凿,且有处理依据的,依法立案查处。

(3)将书面审查、日常巡视检查、专项检查中掌握的信息录入劳动保障监察信息系统,对用人单位进行分类监管。

(4)根据日常监管督查评估情况,下发评估情况通报,对表现突出的予以表扬,对监管不到位的予以批评。

二、依托全省联动举报投诉平台对全省劳动保障监察举报投诉受理和违法案件办理情况进行全过程监督

监管对象:依法行使属地管理事项职权的全省各级劳动保障监察机构及其工作人员

监管内容:劳动保障监察举报投诉接待和受理情况;劳动保障监察案件的立案、调查、处理、结案情况;举报投诉窗口和监察人员服务规范及作风情况。

监管方式:

(1)组成监测小组,分片包干对平台举报投诉受理和案件运行情况进行实时监测;

（2）通过重点督查、随机抽查和集中案卷评查等方式对案件质量进行监督管理。

监管程序和监管措施：

（1）每日实时监测，逐条查看平台举报投诉受理及违法案件办理进度情况，每周导出各类报表对上周平台运行情况进行监测，及时发现和纠正存在问题；

（2）每月形成监测报告，对监测情况进行总结，对存在的普遍性问题提出改进意见；

（3）通过发送当事人满意度调查短信，不定期从平台随机抽取当事人进行电话调查，不定期邀请第三方组织电话暗访或者实地暗访等方式，了解当事人对监察机构及其工作人员工作态度、工作作风和服务规范的满意度情况；

（4）对平台中逾期案件、群众反馈不满意的案件等开展重点督查；

（5）贯彻落实《劳动保障监察案件质量管理办法》，每月定期组织平台案件抽查，及时指出下级机构案卷存在问题并要求纠正；组成案卷评查小组，每季度抽取案卷进行集中评查，对照《案件质量管理评分标准》，逐一打分评审。

处理措施：

（1）对通过日常监测和案卷质量评查发现的问题予以纠正或督促下级机构自行整改，及时跟踪整改结果，必要时启动平台督办或复查程序；

（2）定期或不定期下发书面通报，总结分析平台运行和案件办理的总体情况和存在问题，提出加强、改进的计划、措施和要求；

（3）对存在问题严重、工作组织落实不到位、问题纠正不及时的下级机构实施通报批评和个别约谈，必要时组织实地走访督查；

（4）对因违反工作规程、《窗口服务规范》被群众投诉并查实的，相关窗口及人员两年内取消评优资格；对违规行为情节严重、造成较大不良影响的人员，建议调离相关岗位。

三、用人单位劳动保障信用分类监督

监管对象：本省行政区域内各类用人单位。

监管内容：用人单位遵守劳动保障法律法规规章、维护劳动者合法权益情况。

监管方式：根据用人单位遵守劳动保障法律法规情况对其劳动保障信用进行分类，根据不同信用类别进行监管。

监管程序和监管措施：

（1）通过在劳动保障监察信息系统全面记录对用人单位书面审查、日常巡视检查、举报投诉调查、专项检查、案件查处等数据，以及与其他有关工作机构数据交换的方式，归集用人单位劳动保障信用信息；

（2）根据用人单位劳动保障信用信息的不同情形，分为A、B、C、D、E共五类，实施分类动态监管。其中，用人单位有C类、D类和E类任一情形的，分别认定为具有一般失信行为、较重失信行为和严重失信行为，记录为用人单位劳动保障失信信息。

（3）用人单位劳动保障良好信息和失信信息通过数据交换归集入省、市公共信用信息平台；用人单位有较重失信行为和严重失信行为的，分别列入省、市公共信用信息系统黄名单和黑名单，并可根据有关规定向社会公开。

处理措施：

（1）对A类单位，次年劳动保障书面审查免检通过、免于社会保险稽核；参加各类评比表彰活动及公司上市审核等时，出具守法诚信证明；列为劳动保障诚信示范企业、劳动关系和谐企业培育对象；作为良好信用信息纳入省、市公共信用信息系统；

（2）对B类单位，加强劳动保障法律、法规、规章的宣传指导，帮助其改进劳动用工管理，提升信用等级；参加各类评比表彰活动及公司上市审核等时，对近1年内信用情况评审后出具说明；

（3）对C类单位，每年进行不少于1次日常巡视检查；参加各类评比表彰活动及公司上市审核等时，对近2年内守法诚信情况评审后出具说明；可以对用人单位进行约谈、下发建议书；失信信息归集入省、市公共信用信息系统；

（4）对D类单位，每年进行不少于2次日常巡视检查；列入省、市公共信用信息系统黄名单，按照《××省社会法人失信惩戒办法（试行）》第十九条予以惩戒，有效期3年；

（5）对E类单位，列为各类专项检查重点单位，每年进行3次以上日常巡视检查；列入省、市公共信用信息系统黑名单，按照《××省社会法人失信惩戒办法（试行）》第二十二条予以惩戒，有效期7年。

四、重大劳动保障违法案件查处

监管对象：各类用人单位和承办重大违法案件查处的劳动保障监察机构及人员。

监管内容：用人单位重大劳动保障违法案件的查处，具体包括：

（1）中央国家机关、省委省政府及领导批办、督办的违法案件；

（2）已经或可能引发群体性事件、突发事件，对社会稳定造成严重影响的违法案件；

（3）国家、省级新闻媒体曝光或网络媒体反映造成重大影响的违法案件；

（4）拖欠工资涉及职工100人以上或拖欠总金额在100万元以上的违法案件；

（5）省人力资源社会保障行政部门认为需要督办查处的其他违法案件。

监管方式：组成督查组或安排专人负责，对重大违法案件处理情况进行跟踪督办或直接查处。

监管程序和监管措施：

（1）对全省范围内发生的重大劳动保障违法案件，监督有案件管辖权的劳动保障监察机构依法查处。经省人社部门领导审批同意的重大案件，可以实行挂牌督办。督办程序如下：

一是挂牌：向案件承办单位发出《重大劳动保障违法案件挂牌督办通知书》（以下简称督办通知书）。

二是承办：承办单位按照督办通知书要求，制定具体的承办方案，明确承办人员，认真组织查处，充分调查取证，在规定时限内完成案件查处工作。

三是督办：督办机构及人员应当及时跟踪案件办理情况，对督办意见落实不力和案件办理进度不符合要求的，及时予以催办，必要时可进行实地督查。

四是报告：案件办理过程中，承办单位应每15个工作日向督办机构书面报告案件办理进展情况，直至结案为止。结案后5个工作日内应报送案件查处结果及主要案卷材料复印件。省人社部门应及时将挂牌督办案件查处情况向上级主管部门或同级政府及有关部门报告。

五是撤牌：对已按照督办通知书要求办结的案件，督办机构应当提出撤牌建议，经省人社部门领导审批同意后，向承办单位发出《重大劳动保障违法案件撤牌通知书》。

六是公布：对因用人单位拒不履行法律义务或欠薪逃匿等原因导致未能在规定时限内办结的挂牌督办案件，督办机构可以提出公布建议，经省人社部门领导审批同意后，通过"××省人力资源和社会保障网"等省级媒体向社会公布。

（2）对全省范围内发生的重大劳动保障违法案件，省人社部门认为应依法由本机关查处的，可以直接查处。

处理措施：

（1）用人单位重大劳动保障违法行为按照有关规定归集入省、市公共信用信息平台，列入省、市公共信用信息系统黑名单，按照《××省社会法人失信惩戒办法（试行）》第二十二条予以惩戒。

（2）承办重大违法案件查处的劳动保障监察机构对挂牌督办案件查处有力，社会影响较好，劳动者满意度高的，给予承办单位及人员通报表扬；对案件久拖不决且不说明理由，违反规定应当报告而不报告，或者拒不落实督办意见的，省人社部门可对承办单位予以通报批评；情节严重的，依法追究主要领导及有关责任人的责任。

五、规范行政处罚自由裁量权

监管对象：行使行政处罚职权的各级劳动保障监察机构及案件的主办监察员。

监管内容：

（1）自由裁量权的行使，与违法行为的事实、性质、情节、社会危害程度是否相当。

（2）对事实、性质、情节、社会危害程度等因素相同或者相似的违法行为，所适用的处罚种类和幅度是否基本相同。

监管方式：

（1）制定行政处罚自由裁量基准及适用规则，全省统一适用。同时，根据法律、法规、规章修改和废止以及经济社会变化等进行调整和完善。

（2）通过案件复查、重点督查、随机抽查和集中评查等方式对行政处罚自由裁量情况进行监督。

监管程序和监管措施：

（1）通过劳动保障监察信息系统对自由裁量基准及适用规则进行信息化、流程化监管，确保每个行政处罚案件均正确适用；

（2）推行劳动保障监察行政执法全程说理，通过说理式法律文书等形式将自由裁量基准适用情况告知行政相对人；

（3）加强业务培训，使执法人员熟悉掌握法律、法规和行政处罚自由裁量权的相关规定及执行标准；

（4）根据工作需要，开展自由裁量基准适用情况重点督查；

（5）公布监督电话，接受群众有关行政处罚适用的举报投诉。

处理措施：

（1）结合全省联动平台监测和案卷评查等工作，对全省行政处罚自由裁量基准适用情况进行评估，并下发评估情况通报；

（2）发现存在未依法行使自由裁量权问题的，明确指出问题，要求限期纠正；

（3）对问题严重、纠正不及时的下级机构及其主办监察员追究有关责任人的责任。

132. 什么是行政处罚自由裁量权制度

由于法律、法规、规章规定处罚条款繁多，行政处罚的适用多种多样，常见的有"不予"处罚、"免予"处罚、"应当"处罚、"可以"处罚、"从轻"处罚、"减轻"处罚、"单处"与"并处"等，给行政执法机关和执法人员的自由裁量留有很大空间。行政处罚自由裁量权指行政主体在法律、法规所规定的范围和幅度内，对具体行政处罚的自行决定权，即对处罚范围、方式、种类、幅度、时限等的选择权。正确行使这一权力，能够提高行政效率，及时纠正违法行为，维护法律的尊严；滥用这一权力，将会损害行政相对人的合法权益，造成不公平、不公正的现象。因此，制定行政处罚自由裁量权制度，用以严格规范行政处罚自由裁量权的行使，从源头上防止滥用行政处罚自由裁量权行为的发生。

法律政策依据

《行政处罚法》第三十八条 调查终结，行政机关负责人应当对调查结果进行审查，根据不同情况，分别作出如下决定：

（一）确有应受行政处罚的违法行为的，根据情节轻重及具体情况，作出行政处罚决定；

（二）违法行为轻微，依法可以不予行政处罚的，不予行政处罚；

（三）违法事实不能成立的，不得给予行政处罚；

（四）违法行为已构成犯罪的，移送司法机关。

对情节复杂或者重大违法行为给予较重的行政处罚，行政机关的负责人应当集体讨论决定。

《劳动保障监察条例》第十八条　劳动保障行政部门对违反劳动保障法律、法规或者规章的行为，根据调查、检查的结果，作出以下处理：

（一）对依法应当受到行政处罚的，依法作出行政处罚决定；

（二）对应当改正未改正的，依法责令改正或者作出相应的行政处理决定；

（三）对情节轻微且已改正的，撤销立案。

发现违法案件不属于劳动保障监察事项的，应当及时移送有关部门处理；涉嫌犯罪的，应当依法移送司法机关。

133.劳动保障监察的内部监督如何实施

行政系统内部监督，是指国家在行政机关内部设立的专门机关，对国家行政机关及其工作人员是否遵守国家法律和纪律或对有关公共事务的处理是否符合法律和政策予以检查、调查、处理或提出建议的制度。内部监督分为一般监督和专门监督。一般监督主要指层级监督，是指国家行政机关在上、下级行政隶属关系上产生的一种相互监督的关系和活动。专门监督分为行政监察和审计机关对行政机关及其公务人员的审计监督。

劳动保障监察的内部监督主要指劳动保障行政部门上下级的层级监督。主要通过制定和执行一系列制度来实现，包括重大执法决定法制审核制度、劳动保障监察执法公示制度、重大案件社会公布制度、劳动保障监察案件评查制度、劳动保障监察执法报告制度、劳动保障监察执法绩效考核制度等。

💡 法律政策依据

《劳动保障监察条例》第十三条第二款　上级劳动保障行政部门根据工作需要，可以调查处理下级劳动保障行政部门管辖的案件。劳动保障行政部门对劳动保障监察管辖发生争议的，报请共同的上一级劳动保障行政部门指定管辖。

134. 劳动保障监察的外部监督有哪些方面

外部监督包括人大监督，即各级人大对劳动保障监察机构及其公务人员的监督；司法监督，主要是人民检察院的检察监督和人民法院的审判监督；社会监督主要是政党监督、社团监督、公民监督、舆论监督等。

法律政策依据

《劳动保障监察条例》第七条　各级工会依法维护劳动者的合法权益，对用人单位遵守劳动保障法律、法规和规章的情况进行监督。

《劳动保障监察条例》第八条第二款　实施劳动保障监察，坚持教育与处罚相结合，接受社会监督。

135. 什么是重大案件挂牌督办和公布制度

重大案件挂牌督办和公布制度，是指劳动行政部门对发现的重大劳动保障违法案件进行挂牌督办；对因用人单位拒不履行法律义务或欠薪逃匿等原因导致未能在规定时限内办结的挂牌督办案件，按照程序向社会公布的制度。对于重大案件的定义，各省市根据本地区的经济发展水平和特点，对重大违法案件的来源、影响、涉及人数和金额有不同的规定。如江苏省人力资源和社会保障厅《关于印发全省重大劳动保障违法案件挂牌督办和公布制度的通知》第二条对重大劳动保障违法案件以列举的方式明确，一是中央国家机关、省委省政府及领导批办、督办的违法案件；二是已经或可能引发群体性事件、突发事件，对社会稳定造成严重影响的违法案件；三是国家、省级新闻媒体曝光或网络媒体反映造成重大影响的违法案件；四是拖欠工资涉及职工100人以上或拖欠总金额在100万元以上的违法案件；五是兜底条款，即省人力资源社会保障行政部门认为需要督办查处的其他违法案件。

法律政策依据

《劳动保障监察条例》第二十二条 劳动保障行政部门应当建立用人单位劳动保障守法诚信档案。用人单位有重大违反劳动保障法律、法规或者规章的行为的，由有关的劳动保障行政部门向社会公布。

136. 什么是重大违法行为举报奖励制度

重大违法行为举报奖励制度，是指对符合奖励条件的劳动保障违法行为举报人按照一定的标准进行奖励的制度。何为重大违法行为，各省市的具体规定都不一致，总的都是根据违法行为本身的严重性和违法情节的恶劣程度来规定。如禁止使用童工是劳动用工的高压线，用人单位一旦使用童工即属于重大违法行为；单位机构骗取社会保险待遇或者社会保险基金支出的行为也属于严重违反劳动保障法律法规。另外，如用人单位未与劳动者签订劳动合同或者未参加社会保险，涉及人数达50人以上，属于情节恶劣的重大违法行为。群众举报上述违反劳动保障法律、法规或者规章的行为，可以得到奖励。

获得举报奖励应当同时具备一些基本条件：（一）举报人如实提供自己的真实姓名及有效联系方式；（二）有明确的违反劳动保障法律、法规或者规章的行为主体；（三）提供被举报单位违反劳动保障法律、法规或者规章的主要事实；（四）提供的线索和事实事先未被劳动保障行政部门掌握；（五）举报所反映的情况经查证属实。

劳动保障监察重大违法行为举报奖励是一种行政奖励行为，目的是为奖励举报人对劳动保障违法行为的监督和举报，充分调动人们的积极性，共同督促用人单位依法用工。因此，这里的举报人不包括劳动行政部门的工作人员。

法律政策依据

《劳动保障监察条例》第九条第三款 劳动保障行政部门应当为举报人保密；对举报属实，为查处重大违反劳动保障法律、法规或者规章的行为提供主要线索和证据的举报人，给予奖励。

137. 什么是企业劳动保障诚信制度

诚信是市场经济的基本规则,是良好市场制度的保障。作为市场主体的企业之间的经济活动需要诚信,企业内部劳资双方也需要诚信。企业劳动保障诚信制度是劳动保障行政部门依法行使国家劳动保障监察权,通过对用人单位遵守劳动保障法律法规的情况实施监督检查,并根据劳动用工实际情况将用人单位分别认定为不同的信用等级,实行分类监管的一项制度。

企业劳动保障诚信制度具体包括三方面内容,一是征信制度,即劳动保障行政部门依法行使劳动保障监察权,征集企业遵守劳动保障法律、法规和规章情况的信息,建立企业劳动保障诚信信息数据库。二是诚信等级评价制度,即劳动保障行政部门根据国家法律法规所规定的相关劳动保障标准和要求,将企业认定为不同的劳动保障诚信等级,每个等级有相应的激励和惩戒措施,实行分类监管。三是诚信信息使用和公示制度,将企业劳动保障诚信信息分类,将良好信息和严重失信信息纳入社会公示范围。

法律政策依据

《劳动保障监察条例》第二十二条 劳动保障行政部门应当建立用人单位劳动保障守法诚信档案。

138. 什么是劳动保障监察职业规范

劳动保障监察职业规范是指从事劳动保障监察这一职业的劳动保障监察员应当遵循的行为准则和规范的总和。劳动保障监察员是代表政府履行行政执法权的工作人员,并在政府、用人单位和劳动者之间建立起沟通桥梁的职业,这一特点决定了劳动保障监察职业规范的具体内容。职业规范由两个部分组成,一是他律性职业规范,即由有关法律和执法纪律所确定的规范,一旦违反,必须承担相应的责任;二是自律性职业规范,表现为劳动保障监察员职业道德,违反职业道德的行为虽然并不直接受到制裁,但职业道德对构建和谐的干群关系、劳资关系，提高行政效率效能，建立劳动保障监察的公信力，树立劳动保障监察良好形象有着十分重要的作用。

> **法律政策依据**
>
> 《劳动保障监察条例》第十二条　劳动保障监察员依法履行劳动保障监察职责，受法律保护。
>
> 劳动保障监察员应当忠于职守，秉公执法，勤政廉洁，保守秘密。
>
> 任何组织或者个人对劳动保障监察员的违法违纪行为，有权向劳动保障行政部门或者有关机关检举、控告。

139. 劳动保障监察职业规范的定位和基本原则

劳动保障监察职业规范的定位，简单地讲，就是要按照法制化、专业化、规范化的要求，全面打造一支政治过硬、业务精通、勤奋敬业、廉洁高效、执法严明的劳动保障监察队伍。具体要求是：一是要求明确的职业道德导向，包括从事劳动保障监察工作应具备的基本理念、意识和品质；二是要有一个相对独立而全面的制度框架，包括基本制度安排和不同阶段的目标设计；三是要有若干具体的行为准则，包括组织纪律、办案纪律和日常行为规范；四是要有一整套严密的考核办法，包括具体考核标准、考核指标和考核措施。

劳动保障监察职业规范的基本原则包括：

（1）合法，即"职权法定"，任何劳动保障监察员必须在《劳动保障监察条例》规定的职责和范围内行使权力，有法可依、有法必依，法无授权不可为。这是依法行政的基本原则和要求。

（2）公开，即行政公开原则，是指将行政权力运行的依据、过程和结果应向相对人和公众公开，使相对人和公众知悉。反映到劳动保障监察领域，即劳动保障监察的职责范围、执法依据、流程和行政处罚行为应当公开。行政公开是实现公民知情权和监督权的前提。

（3）公平，劳动保障监察员代表政府管辖、调整劳动关系，必须保持客观、公平、公正，对待不同的执法和服务对象，尤其是面对特定行业、特殊人群或者特定事项，例如涉及规模较小的非公企业、多次投诉上访的劳动者等，不能因此先入为主产生偏见。

（4）高效便民，这是行政管理的基本要求，是服务型政府的具体体现。高效，即劳动行政部门应当积极、迅速、及时地履行其职责、实现其职能，严守时限规定，并不断降低行政成本。便民，即应当尽可能减少当事人的程序性负担，节约当事人的办事成本。

（5）接受社会监督，有权必有责、用权受监督是法治社会的必然要求，通过社会监督，及时纠正自身存在的问题，防止职权滥用和腐败，进一步提高执法维权效率，更好地为人民服务。

法律政策依据

《劳动保障监察条例》第八条 劳动保障监察遵循公正、公开、高效、便民的原则。实施劳动保障监察，坚持教育和处罚相结合，接受社会监督。

《关于实施〈劳动保障监察条例〉若干规定》第三条 劳动保障监察遵循公正、公开、高效、便民的原则。实施劳动保障行政处罚坚持以事实为依据，以法律为准绳，坚持教育与处罚相结合，接受社会监督。

140. 劳动保障监察员的职业素质要求

国际劳动监察协会认为，只有具备高标准的职业道德操守，劳动监察机构才能为其社会伙伴和广大民众提供可能的优质服务。2008年制定的《国际劳动监察诚信准则》提出了包含六大核心价值观的道德框架：（1）知识与能力；（2）诚实与诚信；（3）礼貌与尊重他人；（4）客观、中立与公正；（5）遵守承诺与积极响应；（6）个人行为与职业行为一致。劳动保障监察员的职业素质包括职业能力和职业道德。在我国，要求劳动保障监察员积极宣传劳动保障法律法规和政策，认真履行职责，依法纠正和查处违法行为，严格依照法律规定和程序行使职权，忠诚、平等、公正、无私、勤勉、自律。

法律政策依据

《劳动保障监察员管理办法》（劳部发〔1994〕448号）第七条　劳动保障监察员应当具备以下任职条件：

（一）认真贯彻执行国家法律、法规和政策；

（二）熟悉劳动业务，熟练掌握和运用劳动法律、法规知识；

（三）坚持原则，作风正派，勤政廉洁；

（四）在劳动行政部门从事劳动行政业务工作三年以上，并经国务院劳动行政部门或省级劳动行政部门劳动监察专业培训合格。

141. 什么是劳动保障监察执法责任制

执法责任制，是指各级行政机关依据其职能和法律、法规的规定，将本机关对外承担的行政职权以责任形式设定，将各项执法的职责和任务进行分解，明确相关执法机构、执法岗位和执法人员的执法责任，以监督考核为手段，从而形成的行政主体自律、补救和防范等各项制度的总和。实施执法责任制是依法行政、公正执法的一项基础性工作，是执法部门接受监督的重要载体，对维护法律公正，提高执法水平，确保法律的严格执行具有重要意义。

劳动保障监察执法责任制，是指劳动保障监察机构及其劳动保障监察员在执行劳动保障监察公务活动中，依照法定权限应当履行的职责，并通过考核督促落实的一种工作制度。

法律政策依据

《国务院办公厅关于推行行政执法责任制的若干意见》（国办发〔2005〕37号）第四点：认真落实行政执法责任。

142. 为何要两人执法

根据相关法律法规要求，在调查或者进行检查时，行政执法人员不得少于两人。一方面，两人以上执法能够保障在执法过程中相互提醒、相互监督，避免工作失误，防止滥用职权、徇私枉法等情形的发生。另一方面，两人以上执法能够更好的体现法律的公正性，提升行政执法效率，确保执法人员安全。

法律政策依据

《行政处罚法》第三十七条　行政机关在调查或者进行检查时，执法人员不得不少于两人。

《劳动保障监察条例》第十六条　劳动保障监察员进行调查、检查，不得少于2人，并应当佩戴劳动保障监察标志、出示劳动保障监察证件。

《关于实施〈劳动保障监察条例〉若干规定》第二十条　劳动保障监察员进行调查、检查不得少于2人。劳动保障监察机构应指定其中1名主办劳动保障监察员。

143. 为何要持证并佩戴统一标志执法

2008年国务院发布的《国务院关于加强市县政府依法行政的决定》明确要求："实行行政执法主体资格合法性审查制度。健全行政执法人员资格制度，对拟上岗行政执法的人员要进行相关法律知识考试，经考试合格的才能授予其行政执法资格、上岗行政执法。"实施行政检查时，行政主体必须表明自己是有权检查的主体。执法者"持证上岗，亮证执法"，既表明一种执法身份，也是执法行为合法性的体现，同时也是主动接受群众监督的一种表现。

法律政策依据

《劳动法》第八十六条第二款　县级以上各级人民政府劳动行政部门监督检查人员执行公务，必须出示证件，秉公执法并遵守有关规定。

《劳动保障监察条例》第四条第二、三款　劳动保障行政部门和受委托实施劳动保障监察的组织中的劳动保障监察员应当经过相应的考核或者考试录用。

《劳动保障监察员管理办法》（劳部发〔1994〕448号）第六条第二款　劳动监察人员执行公务，必须出示中华人民共和国劳动监察证件，秉公执法，并遵守有关规定。

144．劳动保障监察"五项承诺"的内容

劳动保障监察"五项承诺"是劳动保障监察机构向社会承诺在案件办理过程中遵守的办案准则。包括：

（1）所有符合条件的投诉在5个工作日内立案。

（2）有关童工的举报和可能引起突发事件的举报24小时内到达现场。

（3）除童工案件或情节严重、引起严重后果的案件外，对已全面及时纠正违法行为的涉案单位减轻或免于行政处罚。

（4）无偿为用人单位和劳动者提供劳动保障法律、法规、规章和政策咨询服务。

（5）为举报人保密，维护举报人合法权益。

法律政策依据

《劳动保障监察条例》第十四条第二款　劳动保障行政部门认为用人单位有违反劳动保障法律、法规或者规章的行为，需要进行调查处理的，应当及时立案。

第四款　对因违反劳动保障法律、法规或者规章的行为引起的群体性事件，劳动保障行政部门应当根据应急预案，迅速会同有关部门处理。

《关于实施〈劳动保障监察条例〉若干规定》第十八条　对符合下列条件的投诉，劳动保障行政部门应当在接到投诉之日起5个工作日内依法受理，并于受理之日立案查处：

（一）违反劳动保障法律的行为发生在2年内的；

（二）有明确的被投诉用人单位，且投诉人的合法权益受到侵害是被投诉用人单位违反劳动保障法律的行为所造成的；

（三）属于劳动保障监察职权范围并由受理投诉的劳动保障行政部门管辖。

对不符合第一款第（一）项规定的投诉，劳动保障行政部门应当在接到投诉之日起5个工作日内决定不予受理，并书面通知投诉人。

对不符合第一款第（二）项规定的投诉，劳动保障监察机构应当告知投诉人补正投诉材料。

对不符合第一款第（三）项规定的投诉，即对不属于劳动保障监察职权范围的投诉，劳动保障监察机构应当告诉投诉人；对属于劳动保障监察职权范围但不属于受理投诉的劳动保障行政部门管辖的投诉，应当告知投诉人向有关劳动保障行政部门提出。

第二十二条　劳动保障监察员进行调查、检查时，承担下列义务：

（一）依法履行职责，秉公执法；

（二）保守在履行职责过程中获知的商业秘密；

（三）为举报人保密。

145. 劳动保障监察"十不准"的内容

劳动保障监察"十不准"是指严禁劳动保障监察员作出的行为。包括：

（1）不准在非公务场所使用劳动保障监察证及执法标志。

（2）不准借用被监察单位的车辆和通信设备。

（3）不准向被监察单位和投诉人索取利益或接受其提供的各种无偿服务。

（4）不准利用职权从事有偿中介、有偿劳动。

（5）不准到被监察单位报销费用。

（6）不准向被监察单位推销产品、征订报刊。

（7）不准接受被监察单位的礼金、礼物或有价证券。

（8）不准在被监察单位就餐或接受其宴请。

（9）不准在工作日中午及执行公务前饮酒。

（10）不准泄露公务中获取的被监察单位的商业秘密。

> **法律政策依据**
>
> 《关于开展窗口单位改进作风专项行动》（人社部法〔2014〕5号）中《人力资源和社会保障窗口单位纪律要求》。

146. 劳动保障监察员的行为准则

劳动保障监察员的行为准则是指在从事劳动保障监察工作中应当遵循的行为规范。根据《劳动保障监察员准则》的规定，主要包括以下几点：

（1）坚持四项基本原则，拥护改革开放政策，模范遵守国家法律、法规。

（2）依法监察，执法严明，严格执行劳动法律、法规、规章和有关政策，及时查处和坚决制止违法行为。

（3）忠于职守，服从领导，认真做好劳动监察工作。

（4）坚持原则，秉公办事，执行监察公务要出示中华人民共和国劳动监察证件，说明身份，不准超越执法职权范围，不准在非公务场合使用监察证件。

（5）遵守纪律，廉洁奉公，不准利用职权谋取私利，不准接受被检查单位赠送的礼品、礼金、有价证券、信用卡，不准接受被检查单位的宴请，不准接受被检查单位的邀请参与高消费娱乐活动，不准私自使用被检查单位的车辆，不准在被检查单位报销个人费用，不准占用被检查单位的通信设备。

（6）严格执行罚款规定，不准侵占、截留、挪用罚款。

（7）保守监察秘密，为举报者保密，不准泄露被检查单位的商业秘密。

（8）文明执法，仪容整洁，尊重被检查单位。

（9）热情接待群众，做好法律宣传、咨询服务，积极帮助群众解决实际问题。

> **法律政策依据**
>
> 劳动部《关于印发〈劳动保障监察员准则〉的通知》(劳部发[1995]342号)。

147. 劳动保障监察的文明用语有哪些

劳动监察文明用语主要是指劳动保障监察工作中应当使用的规范用语,主要有:

(1)您好!(2)请坐!(3)请问……?(4)请您不要着急!(5)请您慢慢说!(6)请您稍等!(7)我们很理解您的心情!(8)对您反映的情况我们将尽快调查核实!(9)对于违反国家劳动法律法规,侵害劳动者合法权益的行为,我们一定依法查处。(10)谢谢您提供的线索!(11)谢谢您的举报!(12)请留下您的姓名、地址、联系电话。(13)请大家先回去!(14)请不要采取过激行动!(15)欢迎您再次对违反《劳动法》的行为进行举报。(16)我们会依法维护您的合法权益!(17)对不起!(18)请原谅!(19)没关系!(20)很抱歉!(21)不客气!(22)我们是××××××的劳动保障监察员,依法对您单位进行例行检查。(23)请依法配合检查!(24)请您出示……(25)请您提供……(26)请您解释。(27)请回答问题!(28)您请说!(29)我们要巡视劳动场所,请提供方便。(30)请您回避一下!(31)我们愿意帮助您熟悉有关劳动法律、法规。(32)请予配合。(33)请不要拒绝检查!(34)请不要阻挠检查!(35)谢谢合作!(36)我们将依法维护用人单位和劳动者双方的合法权益。(37)如果您(单位)对行政决定不服,可依法申请行政复议,也可直接向人民法院提起行政诉讼。(38)请您签名!(39)请您签收!(40)再见!

> **法律政策依据**
>
> 劳动部办公厅《关于推广使用劳动争议仲裁和劳动监察文明用语和杜绝忌语的通知》(劳办发[1996]162号)。

148. 劳动保障监察的忌语有哪些

劳动监察忌语是指劳动保障监察工作中避免和严禁使用的语言,包括:(1)不知道!(2)不管!(3)这事别找我们!(4)该找谁找谁去!(5)你爱找谁找谁!(6)真烦人!(7)随便!(8)我就这态度!(9)自己看着办!(10)急什么!(11)你等着吧!(12)我现在没工夫!(13)走开!(14)你说话利索点!(15)你以为你是谁!(16)你怎么这么不知趣!(17)把材料都搬来!(18)叫你们老板出来!(19)我没时间和你废话!(20)你不服去告我呀!

法律政策依据

劳动部办公厅《关于推广使用劳动争议仲裁和劳动监察文明用语和杜绝忌语的通知》(劳办发[1996]162号)。

149. 劳动保障监察员应当承担的法律责任

法律责任是指因违反了法定义务或契约义务,或不当行使法律权利、权力所产生的,由行为人承担的不利后果,可以分为制裁性方式和补偿性方式。劳动保障监察员违法行使职权,应当承担下列责任:

(1)行政责任。行政法律责任是指行政主体和行政人因违反行政法律法规而依法必须承担的法律责任,它主要是违法行政引起的法律后果。劳动保障监察员滥用职权、玩忽职守、徇私舞弊或者泄露在履行职责过程中知悉的商业秘密的,依法给予行政处分。对当事人合法权益造成损害的,依法承担行政赔偿责任。

(2)刑事责任。刑事责任是指违反刑事法律规定的个人或者单位所应当承担的法律责任。劳动保障监察员违法行使职权构成犯罪的,依法追究刑事责任。

法律政策依据

《劳动保障监察条例》第三十一条 劳动保障监察员滥用职权、玩忽职守、徇私舞弊或者泄露在履行职责过程中知悉的商业秘密的，依法给予行政处分；构成犯罪的，依法追究刑事责任。

劳动保障行政部门和劳动保障监察员违法行使职权，侵犯用人单位或者劳动者的合法权益的，依法承担赔偿责任。

150. 什么是滥用职权

滥用职权，是指违法行使职务上的权限的行为，即就形式上属于国家机关工作人员一般职务权限的事项，以不当目的或者以不法行为，实施违反职务行为宗旨的活动，是一种主观违法行为。如越权受理不属于劳动保障监察事项的举报投诉；没有法定依据或者超出法定的行政处罚种类、幅度给予行政处罚；以罚代管或者只罚不纠；擅自委托行政处罚权；擅自处置罚款等。劳动保障行政部门及其劳动保障监察员在从事劳动保障监察工作中应当严格依法行政，防止滥用职权情况的发生。

法律政策依据

《劳动保障监察条例》第三十一条第一款 劳动保障监察员滥用职权、玩忽职守、徇私舞弊或者泄露在履行职责过程中知悉的商业秘密的，依法给予行政处分；构成犯罪的，依法追究刑事责任。

《刑法》第三百九十七条第一款 国家机关工作人员滥用职权或者玩忽职守，致使公共财产、国家和人民利益遭受重大损失的，处三年以下有期徒刑或者拘役；情节特别严重的，处三年以上七年以下有期徒刑。本法另有规定的，依照规定。

151. 什么是玩忽职守

玩忽职守是一种失职行为,具体是指国家机关工作人员不履行或者不认真履行法定职责的行为。即对于自己应当履行的,且有条件履行的职责,不尽自己应尽的职责义务,分为作为和不作为两种。在劳动保障监察工作中玩忽职守,主要表现在:(1)对应当受理的举报投诉无故不受理,或者不负责任地拖延办理;(2)对依法应当立案的不立案、不处理或者拖欠办理;(3)发生劳动保障重大群体性事件时,负有处理责任的人员不及时上报、妥善处置甚至擅离职守,造成恶劣社会影响的;(4)劳动保障监察员不查处、放纵违法行为的。

💡 法律政策依据

《劳动保障监察条例》第三十一条第一款 劳动保障监察员滥用职权、玩忽职守、徇私舞弊或者泄露在履行职责过程中知悉的商业秘密的,依法给予行政处分;构成犯罪的,依法追究刑事责任。

《刑法》第三百九十七条第一款 国家机关工作人员滥用职权或者玩忽职守,致使公共财产、国家和人民利益遭受重大损失的,处三年以下有期徒刑或者拘役;情节特别严重的,处三年以上七年以下有期徒刑。本法另有规定的,依照规定。

152. 什么是徇私舞弊

徇私舞弊是指行政机关工作人员,为贪图钱财、袒护亲友、照顾关系,或者为其他私情私利而违背事实和法律处理公务,致使公共财产、国家和人民利益遭受损失的行为。所谓"徇私",包括徇私情、谋私利两种情形;"舞弊"是用欺骗的方法做违法违纪的事情。在现实情况中,徇私舞弊往往伴随着滥用职权和玩忽职守。如劳动保障部门及其监察员执法不公,滥用职权谋取私利,因与用人单位负责人有亲属、朋友关系而免于处罚等。

> **法律政策依据**
>
> 《劳动保障监察条例》第三十一条第一款　劳动保障监察员滥用职权、玩忽职守、徇私舞弊或者泄露在履行职责过程中知悉的商业秘密的，依法给予行政处分；构成犯罪的，依法追究刑事责任。
>
> 《刑法》第三百九十七条第一款　国家机关工作人员滥用职权或者玩忽职守，致使公共财产、国家和人民利益遭受重大损失的，处三年以下有期徒刑或者拘役；情节特别严重的，处三年以上七年以下有期徒刑。本法另有规定的，依照规定。

153. 什么是泄露商业秘密

商业秘密，是指不为公众所知悉，能为权利人带来经济利益，具有实用性并经权利人采取保密措施的技术信息和经营信息。用人单位的商业秘密通常包括战略策划、管理方法、商业模式、改制上市、并购重组、产权交易、财务信息、投融资决策、客户信息、招投标事项等经营信息，以及设计、程序、产品配方、制作工艺、专利技术等信息。泄露商业秘密，即劳动保障行政部门及其劳动保障监察员将执法活动中知悉用人单位的商业秘密，故意或者疏忽大意泄露给其他人的行为。

> **法律政策依据**
>
> 《劳动保障监察条例》第三十一条第一款　劳动保障监察员滥用职权、玩忽职守、徇私舞弊或者泄露在履行职责过程中知悉的商业秘密的，依法给予行政处分；构成犯罪的，依法追究刑事责任。

154. 对劳动保障监察员的违法行为的行政处分

行政处分是指国家机关、企事业单位对所属的国家工作人员违法失职行为尚不构成犯罪，依据法律、法规所规定的权限而给予的一种惩戒。行政处分种类有：警告、记过、记大过、降级、撤职、开除。

> **法律政策依据**
>
> 《公务员法》第五十五条 公务员因违法违纪应当承担纪律责任的，依照本法给予处分；违纪行为情节轻微，经批评教育后改正的，可以免予处分。
>
> 第五十六条 处分分为：警告、记过、记大过、降级、撤职、开除。

155. 劳动保障监察违法行政应承担的赔偿责任

劳动保障监察违法行政主要是指劳动保障行政部门及其执法人员违反相关法律法规的规定和要求实施行政行为。违法行政侵犯用人单位或者劳动者的合法权益的，依法承担赔偿责任。根据《劳动保障监察条例》的规定，劳动保障监察机构是受劳动保障行政部门委托实施劳动保障监察的组织，按照国家赔偿法的相关规定，劳动保障监察违法行政承担的赔偿责任属于行政赔偿，其赔偿义务机关应当是劳动保障行政部门。劳动保障行政部门赔偿损失后，应当责令有故意或者重大过失的工作人员或者劳动保障监察机构或者个人承担部分或者全部赔偿费用。

> **法律政策依据**
>
> 《国家赔偿法》第三条 行政机关及其工作人员在行使行政职权时有下列侵犯人身权情形之一的，受害人有取得赔偿的权利：
>
> 1. 违法拘留或者违法采取限制公民人身自由的行政强制措施的；
> 2. 非法拘禁或者以其他方法非法剥夺公民人身自由的；
> 3. 以殴打、虐待等行为或者唆使、放纵他人以殴打、虐待等行为造成公民身体伤害或者死亡的；
> 4. 违法使用武器、警械造成公民身体伤害或者死亡的；
> 5. 造成公民身体伤害或者死亡的其他违法行为。

第四条 行政机关及其工作人员在行使行政职权时有下列侵犯财产权情形之一的,受害人有取得赔偿的权利:

1. 违法实施罚款、吊销许可证和执照、责令停产停业、没收财物等行政处罚的;

2. 违法对财产采取查封、扣押、冻结等行政强制措施的;

3. 违法征收、征用财产的;

4. 造成财产损害的其他违法行为。

第十六条 赔偿义务机关赔偿损失后,应当责令有故意或者重大过失的工作人员或者受委托的组织或者个人承担部分或者全部赔偿费用。

对有故意或者重大过失的责任人员,有关机关应当依法给予处分;构成犯罪的,应当依法追究刑事责任。

案例选读:法律文书应该如何送达才有效

某酒店因拒绝履行劳动保障行政部门责令整改指令被行政处罚,被法院一审裁定准予执行后,以"行政程序违法、法律文书没有直接送达法定代表人,并在没有法人代表授权委托的情况下由酒店柜台服务员签收,致使酒店享有的陈述、申辩、听证、复议和提起行政诉讼的权利被剥夺"为由,向中级人民法院提出上诉,请求撤销一审裁定。对法律文书送达由酒店服务员签收是否合法有效这一问题,中级法院认为酒店总服务台是接待顾客的最前沿,其地位与职能视同收发室或值班室,总台值班人员也应视为负责收件的人,由其签收法律文书符合最高院《关于适用〈中华人民共和国民事诉讼法〉若干问题的意见》的规定,维持一审裁定。

案例选读:认真履行职责,依法查处和纠正违法行为

某劳动保障监察机构接到举报,反映某服装厂存在超时加班的违法行为。

监察机构随即依照程序指派监察员对该单位进行检查，并调取了相关证据，单位法定代表人对违法超时加班的行为承认不讳，并在调查笔录上签字确认。但时隔不久，该单位法人代表前往监察机构，对违法超时加班一事提出异议，否认存在违法行为。监察员面对用人单位前后两种不同的说法，并没有听由单位随意改变笔录内容，而是依据所掌握的证据材料，通过缜密、准确的分析判断，形成完整的证据链，依法认定了单位存在超时加班违法行为的事实，并在之后的复议、诉讼过程中得到复议机关和人民法院的认可，使违法单位无可辩驳、接受了法律的制裁。

案例选读：绿色通道快查快处，优质服务温暖人心

外地民工张某带着患有间歇性精神病的妻子来到某劳动保障监察机构，反映某服装厂拖欠他们离职前一个月工资。监察员正要询问具体情况做记录时，他们不耐烦了，张某的妻子控制不住情绪开始摔东西。接待人员立即冲出去拉住他，耐心地做起了解释工作，安抚他们的情绪。由于情况特殊，劳动保障监察机构决定开通绿色通道快速处理，当天下午就赶到位于郊区的该服装厂。服装厂负责人王某一口就回绝了，并称"宁愿关厂，也不可能给付一分钱工资。"原来，张某等人因过年要提前回家，带头辞职离厂，导致工厂完成订单任务受到较大影响，老板当场与张某等人发生了冲突。监察机构负责人了解情况后，耐心地向老板宣传和解释劳动法律法规，分析利弊，经过反复沟通，当天下午王某终于同意结算张某等人的工资9 000多元。张某等人没想到事情这么快就解决了，激动地连连称谢。

第七编　劳动保障监察行政执法与刑事司法的衔接

导读

人力资源社会保障行政部门在依法查处违反劳动保障法律、法规或规章的行为过程中，发现违法案件涉嫌构成犯罪的，应根据刑法的规定和最高人民法院、最高人民检察院的司法解释以及最高人民检察院、公安部关于经济犯罪案件的追诉标准等规定，依法移送司法机关。人力资源社会保障行政部门与公安机关、检察机关、审判机关应建立行政执法和刑事司法衔接机制，明确案件移送标准和程序，建立行政司法信息共享、案情通报、案件移送制度，实现行政处罚和刑事处罚无缝对接，共同打击违法犯罪行为。

156. 劳动保障监察行政执法与刑事司法的异同

共同点：劳动保障监察行政执法与刑事司法都属于执法的范畴，面对的都是特定对象的违法行为，都是通过一定执法方式来实施，其行为都会对相对人产生一定的影响。二者都必须严格履行法定职责，切实做到有案必立，有案必查。

当具体行政执法行为的客体是行政违法行为时，如果该行政违法行为达到一定的社会危害程度并触犯了刑法，行政违法行为就转化为刑事违法行为即犯罪。对该行为的处理也就相应地由行政执法范畴进入到刑事司法范畴。行政机关对涉嫌犯罪的案件，必须及时移送刑事司法机关，不能有案不移，以罚代刑。

不同点：一是主体不同，行政执法的主体主要是各级各类行政机关及其公职人员；而刑事司法活动则是专指拥有刑事司法权的国家机关依法查处刑事犯罪案件、追究刑事责任的专门活动，其主体主要包括公安机关、人民法院和人民检察院。二是在执法上存在差异，行政执法是行使行政权的具体体现；刑事司法则是行使司法权的具体体现。

157. 劳动保障监察行政执法与刑事司法衔接的作用

习近平总书记在2014年中央政法工作会议上指出："现在行政执法和刑事司法存在着某些脱节，一些涉嫌犯罪的案件止步于行政执法环节，法律威慑力不够。这里面反映的就是执法不严的问题，需要通过加强执法监察、加强行政执法与刑事司法衔接来解决。"推进行政执法与刑事司法相衔接，是党中央、国务院推进依法治国的一项基本方略，是当前深化行政执法体制改革的重要内容，是解决执法不严的重要手段。加强劳动保障监察行政执法与刑事司法衔接工作，是解决劳动保障违法成本低、法律责任轻的问题，是严厉打击违反劳动保障法律法规行为的法治需求，是树立法制权威，保障劳动保障法律、法规有效实施，维护人民群众劳动权益的必然要求。要充分认识到劳动保障监察行政执法和刑事司法衔接工作的重要性，牢固树立责任意识、合作意识。劳动保障监察行政执法部门及时移交案件是责任，也是义务。有案不移，放纵犯罪，将加大自身涉嫌失职渎职的违法风险。完善劳动保障监察行政执法和刑事司法衔接制度，能够加大对违反《劳动法》《劳动合同法》和《社会保险法》等法律法规犯罪行为的打击力度，形成打击合力，有效维护劳动者合法权益，促进劳动关系和谐稳定与社会公平正义。

158. 涉嫌何种罪名，人力资源社会保障部门可以将案件移送公安司法机关

人力资源社会保障行政部门可以以涉嫌拒不支付劳动报酬罪、诈骗罪、提供虚假证明文件罪、出具证明文件重大失实罪、强迫劳动罪、强令违章冒险作业罪、拐卖儿童罪、雇用童工从事危重劳动罪、妨害公务罪等罪名移送公安司法机关。

> **法律政策依据**
>
> 《劳动法》《社会保险法》《工伤保险条例》《未成年人保护法》《禁止使用童工规定》《劳动保障监察条例》《刑法》

159. 涉嫌诈骗罪的移送标准

以欺诈、伪造证明材料或者其他手段骗取养老、医疗、工伤、失业、生育等社会保险金或者其他社会保障待遇的，属于刑法第二百六十六条规定的诈骗公私财物的行为。诈骗公私财物价值三千元至一万元以上、三万元至

十万元以上、五十万元以上的,应当分别认定为刑法第二百六十六条规定的"数额较大""数额巨大""数额特别巨大"。

> **法律政策依据**
>
> 《社会保险法》,《劳动保障监察条例》,《刑法》,全国人大常委会《关于〈中华人民共和国刑法〉第二百六十六条的解释》,最高法、最高检《关于办理诈骗刑事案件具体应用法律若干问题的解释》

160. 涉嫌提供虚假证明文件罪、出具证明文件重大失实罪的移送标准

从事劳动能力鉴定的组织或者个人,提供虚假鉴定意见或者提供虚假诊断证明的,由劳动保障行政部门责令改正,并处二千元以上一万元以下的罚款;情节严重,构成犯罪的,依法追究刑事责任。

> **法律政策依据**
>
> 《工伤保险条例》,最高检、公安部《关于公安机关管辖的刑事案件立案追诉标准的规定(二)》(公通字〔2010〕23号)

161. 涉嫌强迫劳动罪的移送标准

用人单位违反劳动管理法规,以限制人身自由方法强迫职工劳动,涉嫌下列情形之一的:(1)强迫他人劳动,造成人员伤亡或者患职业病的;(2)采用殴打、胁迫、扣发工资、扣留身份证件等手段限制人身自由,强迫他人劳动的;(3)强迫妇女从事井下劳动、国家规定的第四级体力劳动强度的劳动或者其他禁忌从事的劳动,或者强迫处于经期、孕期和哺乳期妇女从事国家规定的第三级体力劳动强度以上的劳动或者其他禁忌从事的劳动的;(4)强迫已满十六周岁未满十八周岁的未成年人从事国家规定的第四级体力劳动强度的劳

动,或者从事高空、井下劳动,或者在爆炸性、易燃性、放射性、毒害性等危险环境下从事劳动的;(5)其他情节严重的情形。

> **法律政策依据**
>
> 《劳动法》,《劳动合同法》,最高检、公安部《关于公安机关管辖的刑事案件立案追诉标准的规定(一)》(公通字[2008]36号)

162.涉嫌强令违章冒险作业罪的移送标准

强令他人违章冒险作业,涉嫌下列情形之一的:(1)造成死亡一人以上,或者重伤三人以上;(2)造成直接经济损失五十万元以上的;(3)发生矿山生产安全事故,造成直接经济损失一百万元以上的;(4)其他造成严重后果的情形。

> **法律政策依据**
>
> 《劳动法》,《劳动合同法》,最高检、公安部《关于公安机关管辖的刑事案件立案追诉标准的规定(一)》(公通字[2008]36号)

163.涉嫌拐卖儿童罪、强迫劳动罪、雇用童工从事危重劳动罪的移送标准

拐骗童工,强迫童工劳动,使用童工从事高空、井下、放射性、高毒、易燃易爆以及国家规定的第四级体力劳动强度的劳动,使用不满14周岁的童工,或者造成童工死亡或者严重伤残的,依照刑法关于拐卖儿童罪、强迫劳动罪或者其他罪的规定,依法追究刑事责任。

> **法律政策依据**
>
> 《未成年人保护法》,《禁止使用童工规定》,最高检、公安部《关于公

安机关管辖的刑事案件立案追诉标准的规定（一）》（公通字［2008］36号），最高法、最高检、公安部、司法部《关于依法惩治拐卖妇女儿童犯罪的意见》（法发［2010］7号）

164. 涉嫌妨害公务罪的移送标准

对于以暴力、威胁方法阻碍劳动保障监察人员依照法律、行政法规的规定执行行政执法职务的，或者以暴力、威胁方法阻碍国家机关中受委托从事行政执法活动的劳动保障监察机构事业编制人员执行行政执法职务的，可以对侵害人以妨害公务罪追究刑事责任。

法律政策依据

《劳动保障监察条例》，《刑法》，最高检《关于以暴力威胁方法阻碍事业编制人员依法执行行政执法职务是否可对侵害人以妨害公务罪论处的批复》（高检发释［2000］2号）

165. 涉嫌拒不支付劳动报酬罪的移送标准

以转移财产、逃匿等方法逃避支付劳动者的劳动报酬或者有能力支付而不支付劳动者的劳动报酬，数额较大，经政府有关部门责令支付仍不支付的，处三年以下有期徒刑或者拘役，并处或者单处罚金；造成严重后果的，处三年以上七年以下有期徒刑，并处罚金。

单位犯前款罪的，对单位判处罚金，并对其直接负责的主管人员和其他直接责任人员，依照前款的规定处罚。

有前两款行为，尚未造成严重后果，在提起公诉前支付劳动者的劳动报酬，并依法承担相应赔偿责任的，可以减轻或者免除处罚。

法律政策依据

《中华人民共和国刑法修正案（八）》（主席令第41号）

案例选读

2012年1月17日,包工头赵某在某承包公司处结清工程款22余万元后,以各种借口拒不支付秦某等26名工人工资共计17余万元,并于2012年3月逃逸。2012年6月1日,秦某等26名工人到所在区劳动保障监察大队集体投诉。经立案查实后,区人社部门于2012年9月11日,向包工头赵某下发了《劳动保障监察限期改正指令书》。在包工头赵某逾期未支付的情况下,区人社部门将案件移送至公安部门,公安部门以涉嫌拒不支付劳动报酬罪对包工头赵某立案侦查,并在网上追逃。2012年10月29日,包工头赵某被警方抓获。通州区法院于2012年12月14日对此案开庭审理,包工头赵某对拖欠职工工资犯罪事实供认不讳,且有悔罪表现,并积极付清工人工资。该区法院以拒不支付劳动报酬罪判处建筑包工头赵某有期徒刑一年,缓刑一年六个月,并处罚金5 000元。

166.人力资源社会保障部门、公安机关、人民检察院、人民法院在依法查处拒不支付劳动报酬犯罪案件中各自承担的职责

人力资源社会保障行政部门要依法对用人单位遵守劳动保障法律、法规和规章的情况进行监督检查,通过各种检查方式监督用人单位劳动报酬支付情况,依法受理拖欠劳动报酬的举报、投诉。经人力资源社会保障行政部门调查核实,行为人拖欠劳动者劳动报酬事实清楚、证据确凿,应当依法及时责令用人单位向劳动者支付劳动报酬。行为人逃匿的,人力资源社会保障行政部门可以在行为人住所地、办公地点、生产经营场所或者建筑项目所在地张贴责令支付的文书,或者采取将责令支付文书送交其单位管理人员及近亲属等适当方式。对涉嫌犯罪的案件,应按照《行政执法机构移送涉嫌犯罪案

件的规定》的要求，核实案情向本部门负责人报告并经同意后制作《涉嫌犯罪案件移送书》，在规定期限内将案件向同级公安机关移送，并抄送同级人民检察院备案。

公安机关对人力资源社会保障行政部门移送涉嫌犯罪的拒不支付劳动报酬案件，应依法及时审查决定是否立案。认为有犯罪事实，需要追究刑事责任的，依法立案，并及时查明犯罪事实，正确运用法律惩戒犯罪，保障劳动者的合法权益。公安机关收到人力资源社会保障行政部门移送的涉嫌犯罪案件，应当在涉嫌犯罪案件移送书回执上签字，对移送材料不全的，可通报人力资源社会保障行政部门按规定补充移送。受理后认为不属于本机关管辖的，应当及时转送有管辖权的机关，并书面告知移送案件的人力资源社会保障行政部门。对受理的案件，公安机关应当及时审查，依法作出立案或者不予立案的决定，并书面通知人力资源社会保障行政部门，同时抄送人民检察院。公安机关立案后决定撤销案件的，应当书面通知人力资源社会保障行政部门，同时抄送人民检察院。公安机关作出不立案决定或者撤销案件的，应当同时将案卷材料退回人力资源社会保障行政部门，并书面说明理由。

人民检察院要依法做好此类案件的立案监督、审查批捕、审查起诉等检察工作。人民检察院发现人力资源社会保障行政部门对应当移送公安机关的涉嫌拒不支付劳动报酬犯罪案件不移送或者逾期不移送的，应当督促移送。人民检察院发现相关部门拒不移送案件和拒不立案行为中存在职务犯罪线索的，应当认真审查，依法处理。

人民法院应当依法及时受理、审理各类拖欠劳动报酬纠纷，对其中构成犯罪的，依法追究行为人的刑事责任，并及时将生效裁判文书送交人社部门。

法律政策依据

《关于加强涉嫌拒不支付劳动报酬犯罪案件查处衔接工作的通知》（人社部发〔2014〕100号）

167. 人力资源社会保障部门向公安机关移送拒不支付劳动报酬犯罪案件的具体要求和相关手续

人力资源社会保障行政部门向公安机关移送涉嫌拒不支付劳动报酬犯罪案件应按照《行政执法机关移送涉嫌犯罪案件的规定》的要求，履行相关手续，并制作《涉嫌犯罪案件移送书》，在规定的期限内将案件移送公安机关。移送的案件卷宗中应当附有以下材料：（1）涉嫌犯罪案件移送书；（2）涉嫌拒不支付劳动报酬犯罪案件调查报告；（3）涉嫌犯罪案件移送审批表；（4）限期整改指令书或行政处理决定书等执法文书及送达证明材料；（5）劳动者本人或劳动者委托代理人调查询问笔录；（6）拖欠劳动者劳动报酬的单位或个人的基本信息；（7）涉案的书证、物证等有关涉嫌拒不支付劳动报酬的证据材料。

人力资源社会保障行政部门向公安机关移送涉嫌犯罪案件应当移送与案件相关的全部材料，同时应将案件移送书及有关材料目录抄送同级人民检察院。在移送涉嫌犯罪案件时已经作出行政处罚决定的，应当将行政处罚决定书一并抄送公安机关、人民检察院。

法律政策依据

《关于加强涉嫌拒不支付劳动报酬犯罪案件查处衔接工作的通知》（人社部发〔2014〕100号）

168. 涉嫌拒不支付劳动报酬犯罪案件的证据如何认定

以逃避支付劳动者的劳动报酬为目的，具有下列情形之一的，应当认定为"以转移财产、逃匿等方法逃避支付劳动者的劳动报酬"：（1）隐匿财产、恶意清偿、虚构债务、虚假破产、虚假倒闭或者以其他方法转移、处分财产的；（2）逃跑、藏匿的；（3）隐匿、销毁或者篡改账目、职工名册、工资支付记录、考勤记录等与劳动报酬相关的材料的;(4)以其他方法逃避支付劳动报酬的。

具有下列情形之一的,应当认定为"数额较大":(1)拒不支付一名劳动者三个月以上的劳动报酬且数额在五千元至二万元以上的;(2)拒不支付十名以上劳动者的劳动报酬且数额累计在三万元至十万元以上的。

由于行为人逃匿导致工资账册等证据材料无法调取或用人单位在规定的时间内未提供有关工资支付等相关证据材料的,人力资源社会保障行政部门应及时对劳动者进行调查询问并制作询问笔录,同时应积极收集可证明劳动用工、欠薪数额等事实的相关证据,依据劳动者提供的工资数额及其他有关证据认定事实。调查询问过程一般要录音、录像。

法律政策依据

《最高人民法院关于审理拒不支付劳动报酬刑事案件适用法律若干问题的解释》(2013年1月14日最高人民法院审判委员会第1567次会议通过)、《关于加强涉嫌拒不支付劳动报酬犯罪案件查处衔接工作的通知》(人社部发〔2014〕100号)

案例选读

2013年1月21日,某市劳动监察大队(以下简称大队)接到群众电话举报,反映区羊尖泉龙制衣厂(以下简称泉龙制衣)负责人陈某拖欠职工工资,并将企业主要资产转移后不知去向。经查,泉龙制衣为个体工商户,经营者陈某,共拖欠152名职工工资共计129万元。2013年1月18日起,陈某陆续将原材料、设备转移后离厂,并留下道歉信告知职工没钱发工资。2013年1月21日,市人社局以在厂门张贴送达的形式对泉龙制衣下达了限期改正指令书,责令立即足额支付工资,但泉龙制衣未能在规定期限内履行工资支付义务。随后,人社局将此案移送至该市公安分局。公安分局于2013年1月23日对陈某涉嫌拒不支付劳动报酬案立案,并于2013年1月30日对陈某实施上网追逃。

2013年1月31日侦查人员在招商城附近将陈某抓获。经审查,犯罪嫌疑人陈某交代其于2013年1月18日晚上,通过转移生产机器设备等财产、采用关闭手机断绝联系等方法隐匿逃避支付职工工资的犯罪事实。2013年2月8日陈某被市公安局执行逮捕,所拖欠工资后由陈某家属筹资付清。2013年5月24日,人民法院判处陈某有期徒刑一年,缓刑一年。

169. 拒不支付劳动报酬行为人可以免除处理的法律依据

行为人拖欠劳动者劳动报酬后,人力资源社会保障行政部门通过书面、电话、短信等能够确认其收悉的方式,通知其在指定的时间内到指定的地点配合解决问题,但其在指定的时间内未到指定的地点配合解决问题或明确表示拒不支付劳动报酬的,视为刑法第二百七十六条之一第一款规定的"以逃匿方法逃避支付劳动者的劳动报酬"。但是,行为人有证据证明因自然灾害、突发重大疾病等非人力所能抗拒的原因造成其无法在指定的时间内到指定的地点配合解决问题的除外。

💡 法律政策依据

《关于加强涉嫌拒不支付劳动报酬犯罪案件查处衔接工作的通知》(人社部发〔2014〕100号)

170. 具备用工主体资格的单位将工程业务分包、转包后在支付劳动报酬方面应当承担的责任

企业将工程或业务分包、转包给不具备用工主体资格的单位或个人,该单位或个人违法招用劳动者不支付劳动报酬的,人力资源社会保障行政部门应向具备用工主体资格的企业下达限期整改指令书或行政处罚决定书,责令该企业限期支付劳动者劳动报酬。对于该企业有充足证据证明已向不具备用工主体资格的单位或个人支付了劳动者全部的劳动报酬,该单位或个人仍未

向劳动者支付的,应向不具备用工主体资格的单位或个人下达限期整改指令书或行政处理决定书,并要求企业监督该单位或个人向劳动者发放到位。

法律政策依据

《关于加强涉嫌拒不支付劳动报酬犯罪案件查处衔接工作的通知》(人社部发〔2014〕100号)。

171. 责令支付劳动报酬文书的特殊送达方式如何完成

对于行为人逃匿,无法将责令支付文书送交其同住成年家属或所在单位负责收件人的,人力资源社会保障行政部门可以在行为人住所地、办公地、生产经营场所、建筑施工项目所在地等地张贴责令支付文书,并采用拍照、录像等方式予以记录,相关影像资料应当纳入案卷。人力资源社会保障行政部门完成上述送达行为,应当视为"经有关行政部门责令支付"送达完成,人力资源社会保障行政部门张贴责令支付文书限定整改日期到期的,即视为责令执行期限到期。

法律政策依据

《关于加强涉嫌拒不支付劳动报酬犯罪案件查处衔接工作的通知》(人社部发〔2014〕100号)。

案例选读

2012年10月26日,某镇劳动监察中队向某市劳动监察大队反映,某市某公司拖欠67名职工2012年1月至10月工资约95万元,法定代表人陈某逃匿,可能引发集体上访。

2012年10月26日大队予以立案,并对该单位进行调查。因该单位法定代表人陈某无法联系,大队询问了该单位管理人员唐某(系陈某丈夫)、会计姚某、谢某和部分职工。经调查，67名职工主张单位拖欠职工2012年1月至10月剩余工资947 788元的情况属实。当天市人社局向该单位下达《劳动保障监察限期改正指令书》，直接送达该单位管理人员唐某，并直接张贴在该单位厂门入口处，责令该单位于2012年10月31日前按规定支付劳动者劳动报酬。但规定期限内该单位未支付劳动者劳动报酬。在案件办理过程中，大队曾于2012年11月8日、11月9日多次拨打陈某及唐某手机，手机语音提示该号码为关机。

该单位法定代表人通过逃匿方法逃避支付劳动者劳动报酬947 788元，经责令支付仍不支付，已涉嫌违犯《刑法》第二百七十六条之一、《刑法》修正案（八）第四十一条关于拒不支付劳动报酬罪之规定。根据《行政处罚法》第七条、《劳动保障监察条例》第十八条第二款、《行政执法机关移送涉嫌犯罪案件的规定》，市人社局于2013年11月12日依法将案件移送至所在区公安局。

2013年4月24日，人民法院作出判决，判处被告人陈某有期徒刑1年，并处罚金3万元，被告单位罚金10万元。

172. 公安机关如何处理人力资源社会保障部门移送涉嫌拒不支付劳动报酬犯罪案件，有关部门对此有何具体规定

公安机关收到人力资源社会保障行政部门移送的涉嫌犯罪案件，应当在涉嫌犯罪案件移送书回执上签字，对移送材料不全的，可通报人力资源社会保障行政部门按上述规定补充移送。受理后认为不属于本机关管辖的，应当及时转送有管辖权的机关，并书面告知移送案件的人力资源社会保障行政部门。对受理的案件，公安机关应当及时审查，依法作出立案或者不予立案的决定，并书面通知人力资源社会保障行政部门，同时抄送人民检察院。公安机关立案后决定撤销案件的，应当书面通知人力资源社会保障行政部门，同时抄送人民检察院。公安机关作出不立案决定或者撤销案件的，应当同时将案卷材料退回人力资源社会保障行政部门，并书面说明理由。

法律政策依据

《关于加强涉嫌拒不支付劳动报酬犯罪案件查处衔接工作的通知》(人社部发〔2014〕100号)

173. 人力资源社会保障部门将拒不支付劳动报酬犯罪案件移送公安机关后还需要做哪些工作

人力资源社会保障行政部门对于公安机关不接受移送的涉嫌犯罪案件或者已受理的案件未依法及时作出立案或不立案决定的,可以建议人民检察院依法进行立案监督。对公安机关受理后作出不予立案决定的,可在接到不予立案通知书后3日内向作出决定的公安机关提请复议,也可以建议人民检察院依法进行立案监督。

人力资源社会保障行政部门应当会同人民法院、人民检察院、公安机关建立联席会议制度,共同研究解决劳动保障监察执法与刑事司法衔接中存在的问题,组织开展联合调研、培训等活动,研究制定预防和惩处拒不支付劳动报酬犯罪的措施。在办理拒不支付劳动报酬案件过程中,相关部门应当加强沟通和联动配合,做好案情通报、业务指导、督查协调、信息共享等工作。

法律政策依据

《关于加强涉嫌拒不支付劳动报酬犯罪案件查处衔接工作的通知》(人社部发〔2014〕100号)

第八编　劳动保障监察"两网化"管理

导读

劳动保障监察"两网化"是劳动保障监察执法机制创新的重要成果，借助网格管理理念和信息管理技术，通过监察职能的向下延伸、数据信息的向上归集以及工作力量的统一调度，实现监察执法方式改变、业务流程再造和管理服务方式创新。

174. 劳动保障监察"两网化"管理的概念

劳动保障监察"两网化"管理是劳动保障监察网格化管理和网络化管理的简称。劳动保障监察网格化管理，是指将劳动保障监察管辖区域划分为若干网格，明确网格化监察的人员、职责和任务，实时采集和监控网格内用人单位劳动合同、工资支付、劳动条件、社会保险等方面的信息及情况，形成相关的用人单位及劳动用工情况的数据，实现横向到边、纵向到底、责任明确、跟踪及时的劳动保障监察全面覆盖和动态监管目标。劳动保障监察网络化管理是指运用劳动保障监察信息管理系统，将劳动保障监察机构和网格有机的连接起来，通过各类数据信息的互联互通、共享共用，动态化地掌握用人单位用工情况，实现劳动保障监察执法工作的信息化。

网格化管理和网络化管理是一个有机整体，二者各有侧重，相互联系，互为补充。如果说网格化是劳动保障监察的基本阵地，那么网络化就是连接基本阵地的线路和管道。网格化的侧重点是全覆盖，通过基层网格的划分，覆盖所有用人单位，不留死角，不留盲区。网格化所依靠的是人员，包括劳动保障监察专职监察员、劳动保障监察兼职监察员和劳动保障监察协理员。配齐配强基层网格的工作人员，才能确保基层劳动保障监察执法，事有人干、责有人负。网络化的侧重点是信息化，要求信息网络互联互通，业务流程再造和管理服务方式创新，它所依靠的是电脑，即信息平台，也就是劳动保障监察的信息管理系统，劳动保障监察信息管理系统必须与时俱进，不断更新升级，才能保持一个相对先进的水平，为劳动保障监察执法提高强有力的技术支撑。

> **法律政策依据**
>
> 《关于开展劳动保障监察两网化管理工作试点的意见》(人社厅发〔2009〕25号)

175. 推行劳动保障监察"两网化"管理的原因和意义

长期以来,劳动保障监察面临事多人少的矛盾日益突出,现有劳动保障监察人员难以适应面广量大的工作任务,执法力量分散,执法效率不高。特别是基层基础工作非常薄弱,已经成为制约劳动保障监察工作的一个瓶颈。在现有体制下,如何取得突破,就必须推行劳动保障监察"两网化"管理,通过机制创新和技术创新,实现新增力量向基层有效倾斜,信息技术手段不断强化,功能不断延伸和拓展。

开展劳动保障监察"两网化"管理工作,其目的在于建立覆盖城乡、上下协同、统一规范、高效便捷的劳动保障监察执法和监控管理平台,保障劳动保障法律法规的贯彻实施,维护广大劳动者的合法权益,促进劳动关系稳定与社会和谐。"两网化"管理在劳动保障监察工作的意义主要体现在四个方面:一是有利于劳动保障监察执法从以城镇为主向统筹城乡转变。二是有利于推动劳动保障监察执法由被动反应型向主动预防型转变。三是有利于推动劳动保障监察执法依法行政,实现执法全过程纳入法治化轨道。四是有利于劳动保障监察执法公开透明,确保权力在阳光下运行。

176. 劳动保障监察基层网格如何划分

依托现行的行政管理体系和基层劳动保障工作平台,按照地区经济发展状况和用人单位城乡分布特点,科学划分网格。对于一些经济较为发达、用人单位较多的地区,网格划分普遍较密,一般以乡镇(街道)为一级网格,社区(村)为二级网格;而对于用人单位分布较少,特别是一些欠发达地区,网格划分则相对稀疏,一般以中心乡镇(街道)为一级网格,其他乡镇(街道)为二级网格。同时针对经济发展、产业结构调整以及城市化推进过程中,网格内用人单位和从业人员的变化,及时调整网格划分。

典型经验

江苏省苏州市按照每个二级网格 100~150 户单位的标准重新调整了网格划分,重新配置了人员和资源,保证了执法维权职责全面落实和对用人单位的有效监管。

177. 劳动保障监察基层网格的主要职责

劳动保障监察基层网格的主要职责是负责"信息采集、指导服务、举报投诉反映传递、简单劳资矛盾纠纷调处、配合执法、应急处置"等六项工作。

案例选读

2012 年 10 月,某地劳动保障监察机构通过网格信息系统比对发现,工资、社会保险、劳动合同类诉求居于群众举报投诉的前三位。在工资方面,前三季度共接受群众举报投诉 1.73 万件,占整个举报投诉总数的 47%,其中建设领域拖欠农民工工资的举报投诉涉及金额和人数分别达总量的 63% 和 52%,船舶修造业和高铁业欠薪职工投诉明显增多。在社会保险方面,制造业、住宿餐饮业等劳动密集型行业居于社会保险类举报投诉的前两位,分别占总量的 58% 和 15%。在劳动合同方面,劳务派遣用工、劳务外包等非标准化用工有着泛化和扩大化的趋势,其中制造业尤为突出,占前 3 季度总量的 48%。前三季度制造业、住宿和餐饮业、批发和零售业案件占全市违法案件的 80.98%。通过进一步分析,发现劳动合同类案件主要集中在 A 区(开发区),工资支付类案件主要集中在建工程项目较多的 B、C 区和高铁沿线的 D、E 区,社会保险类案件主要集中在商业集中的F、G区。根据上述情况分析，不同区域的劳动保障监察机构在基础网格人员的配合下，部署开展有针对性的专项执法检查等活动，提高了监察执法的效率。

178. 劳动保障监察基层网格的人员配备和要求

每个一级网格至少明确1名专职监察员分工负责，并配备至少1名兼职监察员，每个二级网格至少配备1名协理员。专职监察员，主要负责网格内各项业务的部署安排、督促落实以及人员队伍的日常管理工作，同时对辖区内发生的违法行为进行查处。兼职监察员主要负责网格内用人单位监管的组织实施，并承担配合执法、受理举报投诉等部分行政执法工作。监察协理员主要负责信息采集、法规宣传、简单劳资矛盾调处工作，动态掌握网格内用人单位劳动保障基本情况。

典型经验

江苏省镇江市制定劳动保障监察机构工作人员配备标准，明确每个镇（街道）中队专职监察员不少于2人，社区（村）专职协理员不少于1人。2011年面向全社会公开招聘村（级）专职协理员625名，实现村级专职协理人员的全覆盖。

179. 劳动保障监察基层网格如何采集用工信息

二级网格内协理员至少每半年采集一次网格内用人单位劳动保障信息，并按设定权限录入信息系统；网格内用人单位有新增、注销或发生重大变化等情况的，应当实时采集录入数据。监察员在处理日常监察业务时发现数据有更新的，应当及时录入信息系统。

180. 劳动保障监察基层网格调处简单劳资矛盾纠纷的注意事项

一级网格服务窗口或协理员日常工作中发现存在简单劳资矛盾纠纷，征得劳动关系双方当事人同意在网格内进行调处的，经一级网格负责人批准，确定矛盾纠纷调处人，于10个工作日内完成调处工作。调处不成的，应当及时指导当事人举报投诉或申请劳动争议仲裁，调处情况输入劳动保障监察信息系统。

案例选读

2014年7月21日，职工王某到一级网格反映单位超时加班、未依法支付加班工资。经调查了解，因近期订单较多，单位确有加班行为，并且没有依法支付加班工资。网格监察协理员认为职工反映的问题，权利义务明确、法律关系简单，可以进行调处。征得双方当事人同意，并经一级网格负责人批准，监察协理员进行调处。在监察协理员的协调下，职工王某和单位达成一致：单位补发职工加班工资，并依法调整工时制度，保障职工休息休假权利。

181. 劳动保障监察网络化管理需要具备的基本功能

建立用人单位基础数据库，统一归集监察执法、网格采集以及其他各类数据信息，实现各类信息资源共享；实时地汇总分析各类数据信息，动态掌握劳动关系运行变化特征，提高监察执法的针对性和有效性；实时动态流转数据信息，打破了信息处理瓶颈，缩短了信息传递在途时间，实现了业务功能整合和工作力量统一调度，提高业务运行效率；严格界定各项业务的流程设置、时限要求、权限控制，网上监控监察案件办理，规范执法行为。

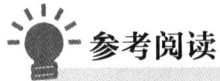 **参考阅读**

某省关于建立劳动保障监察"两网化"管理长效机制的意见

为贯彻《中共中央、国务院关于构建和谐劳动关系的意见》和《人力资源社会保障部、中央编办、财政部关于加强劳动保障监察执法能力建设的意见》,进一步提升劳动保障监察两网化管理工作水平,推动劳动保障监察两网化管理持续健康发展,现提出如下意见。

一、总体要求

深入贯彻落实党的十八大、十八届三中、四中、五中全会精神,坚持系统治理、依法治理、综合治理、源头治理,继续推进全省劳动保障监察两网化管理工作,切实提升监管效率效能,形成组织健全、覆盖城乡、运行高效、管理科学的网格监管服务体系,全面掌握城乡各类用人单位劳动用工情况,有效预防和化解劳动关系矛盾纠纷隐患,促进劳动关系和谐稳定。

二、基本建设标准

各地要继续深入贯彻落实《××省劳动保障监察"两网化"管理工作标准化建设实施意见》,加大资金、技术和人员投入,夯实"两网化"建设基础,强化工作保障和日常管理,为"两网化"高效运行提供有力的基础条件。

网格划分科学。以乡镇(街道)为基础,以用人单位和劳动者数量为依据,以方便劳动者维权和服务用人单位为导向,科学合理地划分网格。同时,要针对经济发展、产业转移、城镇化建设过程中网格内用人单位、从业人员数量的变化,适时重新调整网格划分,避免交叉重叠,实现网格内所有用人单位的有效监管。

人员配备到位。每个一级网格至少明确1名专职监察员分工负责,配备至少1名兼职监察员,每个二级网格至少配备1名协理员。用人单位分布密集、从业人员数量较多的网格,应适当增加人员配备,以满足"两网化"管理工作的需要。有条件的地区应在一级网格成立劳动保障监察中队,切实提升网格监管效率效能。

工作支撑有力。通过财政预算安排或者政府购买公益性岗位等途径，落实解决网格工作经费和人员经费。设立相对独立、标识统一的办公场所，设有专门的对外服务窗口；开通办公电话，配备联通网络的电脑、打印机、传真机等办公设备及必要的网格化管理专用交通工具。明确网格工作人员工资福利待遇标准，建立工资正常增长机制，提升人员工作积极性。

系统运行良好。监察机构与一、二级网格劳动保障监察信息系统和全省联动举报投诉平台系统联通率达100%。及时采集和更新用人单位劳动用工基本信息，动态入库率达95%以上，每季度对数据库信息更新维护一次。所有举报投诉和咨询数据及时录入联动平台，举报投诉动态录入率95%，案件按期运行率95%，一、二级网格平台运行率90%以上。

管理制度健全。建立健全网格责任、服务规范、人员培训、业绩考核及违纪处理等规章制度，全面规范网格日常管理工作。在网格场所显著位置公示网格职责、工作人员基本信息及监督电话，工作人员着装整洁、用语规范，协理员持证上岗率100%，每年至少接受1次县级以上劳动保障监察机构组织的业务培训。县级劳动保障监察机构至少每半年对协理员组织1次业务考核。

三、业务运行标准

各地要全面落实网格六项业务，进一步建立健全业务运行机制，规范服务标准，优化服务流程，形成职能明确、上下贯通、任务落实、运行顺畅的监管服务体系，切实提升网格管理工作质量和效能。

劳动关系运行监管动态化。通过定期采集、更新网格内用人单位劳动用工信息，动态掌握辖区内劳动关系运行情况。加强形势分析研判，建立健全数据信息报送制度，定期或不定期上报劳动关系运行情况及突发问题、事件。实施劳动关系"三色预警"制度和突发事件应急处置办法，加强对风险企业的网格化监管，有效预防和处置劳动关系群体性突发事件。

网格平台运行高效化。进一步强化网格与联动平台的对接融合，推动联动平台进一步覆盖至二级网格，明确一、二级网格之间、网格与监察机构之间的职责分工，建立健全基层网格联动平台运行工作机制。统一规范网格数据信息标准和业务运行流程，对符合劳动保障监察受理范围的举报投诉信息，要及时通过联动平台登记流转，上级劳动保障监察机构对流转信息及时反应并处理，确保网格各类数据信息在联动平台集中统一运行，促进网格平台运行效率效能的提升。

指导服务机制常态化。深入贯彻实施基层网格定期走访制度，全面做好用人单位劳动用工指导服务工作。通过困难帮扶、守法提示、个案指导等方式，面向各类用人单位开展个性化的指导服务活动，在普及劳动保障法律法规的同时，帮助用人单位自觉规范劳动用工管理。对网格内重点用人单位定期上门了解情况，有针对性地提供劳动保障法律政策服务，及时发现和提醒劳动用工风险。

矛盾纠纷调处化解规范化。网格内定期开展劳动关系矛盾纠纷排查化解活动，全面开展简单劳动关系矛盾纠纷调处工作。坚持自愿、合法、公开、公正的原则，进一步完善调处程序、规范调处方式、统一基础台账，不断提升调处工作的合法性、权威性和有效性，积极防范矛盾的累积和激增。

基层业务运行一体化。作为转变监管方式、推动工作机制创新的重要举措，各地要将劳动保障监察"两网化"管理工作全面融入劳动保障监察日常执法维权工作，进一步厘清劳动保障监察"两网化"与就业、社保等基层服务平台其他职能的关系。要主动融入社会信用体系，建立健全协调配合工作机制，促进信息资源互通共享、各类业务协同办理，发挥整体功能优势，努力提升基层公共服务平台的服务质量和水平。

四、工作措施

（一）坚持考核督促。紧紧抓住"两网化"管理工作纳入全省"两大体系"试点示范项目的有力时机，结合具体工作要求，研究制定"两网化"管理长期发展规划和步骤举措。将"两网化"管理工作作为每年的重点工作，实施绩效考核，采取扎实有效措施予以推进，形成以考核促落实的工作机制。加强组织协调、统一调度和跟踪督促，及时掌握辖区内"两网化"管理工作动态，定期通报工作进展情况。加强对工作薄弱地区督促指导，确保具体措施落实到位，整体工作目标有序推进。

（二）坚持示范引领。积极选树地区先进典型，发挥示范带动作用，调动多方积极性，形成争优创优、比学赶超的良好氛围，推动整体"两网化"工作的发展升级。积极选拔和培育工作基础条件较好的地区参与省级"两网化"管理示范县（市、区）建设活动，同时可根据地区实际，在辖区内开展市级"两网化"管理示范县（市、区）建设活动，推动"两网化"管理工作水平全面提升。

（三）坚持分类指导。鼓励和推动有条件的地区先行先试，在优化业务流程、拓展服务功能等方面开拓创新，探索网格有效管理的特色模式，以解决"两网化"管理深层次的问题。及时总结地区先进经验和创新成果，将相对成熟的做法和经验转化为具体的制度来指导面上的工作，切实解决部分地区网格基础建设薄弱的问题，最大限度地发挥先行地区经验的递增效应和倍增效应，带动"两网化"管理整体工作水平的全面提升。

五、相关要求

（一）统一思想，加强领导。劳动保障监察"两网化"管理是劳动保障监察执法机制创新的有效载体，也是人力资源社会保障行政部门改进社会治理方式的重要举措。推进劳动保障监察"两网化"管理工作，对于畅通职工诉求表达渠道、维护职工合法权益，促进劳动关系和谐稳定、保障社会公平正义具有重要意义。各级人力资源社会保障行政部门要进一步提高思想认识，从保障和改善民生、改进社会治理方式的高度，把劳动保障监察"两网化"管理工作摆在更加突出的位置，专门成立由分管领导牵头的"两网化"管理工作小组，负责统筹具体工作的部署、推进和调度。

（二）明确任务，抓紧落实。各地要严格对照"两网化"管理基本建设标准和业务运行标准，扎实深入地开展"两网化"管理工作长效机制建设。要结合本地区"两网化"管理工作现状和存在问题，制定详细的实施方案，确保建设取得实效。要重点在改善"两网化"工作条件、整合基层平台职能、加强队伍能力建设等方面加大指导和促进力度，着力解决"两网化"管理中的难点问题，按照标准推进落实，不断创新创优，着力打造特色鲜明的亮点工作。

（三）逐步实施，及时总结。本意见下发后，各地要抓紧制定具体的实施方案，并于2015年12月底前上报省厅劳动监察总队。在实施过程中，要强化分析总结，认真梳理本地区"两网化"管理工作中存在的共性问题和突出问题，研究解决办法，每半年形成书面材料上报省厅。

182. 劳动保障监察"两网化"管理的发展前景

2015年7月，人力资源社会保障部、中央机构编制委员会办公室、财政部联合下发了《关于加强劳动保障监察执法能力建设的意见》，明确今后一段时期的劳动保障监察工作的总体方向，即通过改革劳动保障监察体制和创新制度机制，健全劳动保障监察工作体系，加强劳动保障监察队伍建设，完善执法程序，推进综合执法，严格执法责任，强化执法保障，推动建立权责统一、权威高效的劳动保障监察执法体制。其工作目标，到2020年，力争实现各级劳动保障监察机构设置规范、职能配置合理、执法力量充足、制度机制完善、执法程序规范、执法保障有力，劳动保障监察执法能力得到明显提升。

劳动保障监察"两网化"管理的发展必须适应总体工作目标的要求，进一步向纵深推进。即优化升级劳动保障监察信息系统，全面落实六项网格业务，推进劳动保障监察"两网化"与基层劳动保障工作平台以及其他部门的资源整合，充分发挥劳动保障监察信息系统的统一指挥、动态监控、预警预测等功能，形成全方位、全动态、全天候、多层次、立体化的监督管理体系。

通过劳动保障监察"两网化"管理工作的不断推进，最终实现构建和谐劳动关系的总目标，即实现劳动用工更加规范，职工工资合理增长，劳动条件不断改善，职工安全健康有力保障，职工社会保险权益有效落实，企业社会责任切实履行，人文关怀日益加强，劳动关系矛盾得到有效预防和化解，推动建立规范有序、公正合理、互利共赢、和谐稳定的劳动关系局面。

参考文献

1. 应松年主编,《行政法学新论》,中国方正出版社,2004年版
2. (德)沃尔夫根·冯·李希霍芬著,劳动和社会保障部国际劳工与信息研究所译,《劳动监察》,中国劳动社会保障出版社,2004年版
3. 姜孟亚主编,《劳动保障监察条例释义》,中国法制出版社,2004年版
4. 余明勤主编,《劳动和社会保障法制建设》,中国劳动社会保障出版社,2005年版
5. 步正发主编,《劳动保障监察执法手册》,中国市场出版社,2006年版
6. 《构建和谐社会》,江苏人民出版社,2006年版
7. 张健明、王宇熹、尹乃春等编著,《劳动标准与劳动监察》,北京大学出版社,2008年版
8. 《当代中国人力资源和社会保障制度的改革与发展》,中国劳动社会保障出版社,2009年版
9. 《当代中国就业与劳动关系》,中国劳动社会保障出版社,2009年版
10. 人力资源和社会保障部劳动监察局组织编写,《劳动保障监察案例选编》,中国劳动社会保障出版社,2010年版
11. 人力资源和社会保障部组织编写,《劳动保障监察》,中国劳动社会保障出版社,2012年版
12. 人力资源和社会保障部劳动监察局编,《劳动保障监察常用法规汇编》,中国劳动社会保障出版社,2015年版

后 记

本书共分为八编，每编结构大体上由政策知识要点、问题解答、法律政策依据和案例选读等四个部分构成，以简明扼要的语言向读者展现了我国劳动保障监察基本制度和实务要领。第一编主要介绍了劳动保障监察的基本定义、监察对象、主要事项和监察方式，让读者全面而清晰地了解劳动保障监察制度和劳动保障监察的基础知识。第二编至第五编介绍了劳动保障监察实务要领，包括受理立案、调查检查、处理、执行、结案与归档等案件办理环节，突出了劳动保障监察执法办案过程中的实务技巧。第六编介绍了劳动保障监察的相关工作制度和职业规范，让读者系统地了解从事劳动保障监察工作必须遵守的各项规则，以及必须树立的依法行政、公正廉洁、执法为民的服务意识。第七编介绍了劳动保障监察行政执法与刑事司法衔接的相关制度和政策规定。第八编介绍了新型劳动保障监察的监管方式，即"两网化"管理机制。

本书充分吸收了我国劳动保障监察制度建立以来的理论、最新的劳动保障监察工作实践和创新成果，在确保内容系统完整的基础上突出了对重点、热点问题的研究和解读。本书既体现了法律政策丛书的严谨规范，也达到了劳动保障监察入门用书的通俗易懂，既可以作为初任劳动保障监察员的培训用书，也可作为劳动保障监察工作人员的日常工作手册。

本书由江苏省劳动监察总队组织编写，参与具体章节编写工作的有：经洪斌、张轶、李剑、胡静、朱凌凌、卫丽丽、孔盼盼。经洪斌作为主编，对全书进行了统一修改、润色和定稿。在本书编写过程中，得到了人力资源和社会保障部劳动监察局、江苏省人力资源和社会保障厅及相关处室领导的指导和帮助，同时还得到周传业、席玉峰、张景亮、张智灵、蒋秀清、王保华、梁吉祥、张永兵、蒋轸、李斌、刘晨诚、邢思喆等同仁的支持和协助。在此，一并表示感谢。

  由于时间仓促，加上编写人员掌握的资料和文字表达能力有限，书中恐有错漏之处，敬请读者朋友批评指正。

编者
2016 年 5 月